LE MONTAGE
AU CINÉMA

Dans la même collection

James Agee : *Sur le cinéma*

Jacques Aumont : *Du visage au cinéma*

André Bazin : *Le Cinéma français de la Libération à la Nouvelle Vague (1945-1958)*

Pascal Bonitzer : *Décadrages*

Michel Chion : *La Voix au cinéma*

Le Son au cinéma

La Toile trouée : La parole au cinéma

Fabrice Revault d'Allonnes : *La Lumière au cinéma*

Marc Vernet : *Figures de l'absence*

Paul Virilio : *Guerre et cinéma 1 : Logistique de la perception*

En co-édition avec la Cinémathèque Française :
Dudley Andrew : *André Bazin* (préface de François Truffaut, annexe de Jean-Charles Tacchella)

Stanley Cavell : *A la recherche du bonheur. Hollywood et la comédie du remariage.*

Luc Moullet, *Politique des acteurs , Gary Cooper, John Wayne, Cary Grant, James Stewart.*
Alain Masson : *Le Récit au cinéma.*

Du même auteur :
aux mêmes éditions

Le Cadrage au cinéma : L'œil à la caméra, 1985

Traduction :

Il était une fois Samuel Fuller, 1986

Collection Essais
Cet ouvrage a été réalisé sous la direction d'Alain Bergala

Cahiers du cinéma

Je remercie Bernard Eisenschitz et Jean Narboni, qui par leur lecture d'une première version de ce livre m'ont aidée à en améliorer l'un le fond, l'autre la forme, ainsi que Catherine Ficat, pour son aimable collaboration à l'illustration et les films de l'Astrophore pour les droits des photogrammes de *F For Fake*.

En couverture : Orson Welles à la table de montage, *F for Fake*
(photogramme la Cinémathèque Française).

Secrétaire d'édition : Delphine Pineau
Mise en pages : Nicolas Tirard

ISBN 2-86642-079-9
Diffusion Seuil - 27, rue Jacob - 75006 Paris

DOMINIQUE VILLAIN

LE MONTAGE AU CINÉMA

Dans la pénombre de la salle de montage, James Newcom, monteur d'*Autant en emporte le vent*.

À LA RECHERCHE DU MONTAGE PERDU

Pour présenter le montage, je dirai d'abord que cette opération fait partie de la dernière phase de la fabrication des films, de la post-production. Montage-image, montage-son, mixage et travaux de laboratoire constituent ce que l'on appelle également les finitions. « *Cette fin qui n'en finit pas* », selon Alain Resnais. Ces opérations techniques se situent entre un avant — le tournage —, et un après — la diffusion, la *sortie*. Monter un film, c'est le construire, à partir de la matière, de la pellicule qui a été tournée, et à destination d'un public de spectateurs sur lesquels certains effets sont recherchés — intérêt, rire, peur, émotion, prise de conscience, etc.

La description de ce travail se heurte à deux difficultés. Difficulté de séparer un moment d'un processus de création global, scénario-tournage-montage, impossibilité d'isoler le montage, tant il constitue la chair même du film et non pas seulement son ossature. Lorsque l'on voit un film, comment savoir si l'intelligence et la rigueur de ce qui nous est montré, avec telle durée et dans tel ordre, étaient présentes dès la conception, et quelle part en a été créée au montage ? D'autant (et c'est la deuxième difficulté) qu'aucun montage ne ressemble à un autre montage car les paramètres en jeu sont innombrables et les conceptions multiples.

Entre l'enthousiasme d'Eisenstein dès 1919 : « *Quel joli mot le montage, il signifie mettre ensemble des morceaux tout prêts* » ; ou celui de Welles : « *La seule mise en scène d'une réelle importance s'exerce au cours du montage. [...] Les images elles-mêmes ne sont pas suffisantes : elles sont très importantes, mais ne sont qu'images. L'essentiel est la durée de chaque image, ce qui suit chaque image ; c'est toute l'éloquence du cinéma que l'on fabrique dans la salle de montage »,* et la méfiance d'André Bazin, prenant appui sur ce même Orson Welles pour préférer le plan-séquence et la mise en scène en profondeur au morcellement, il existe toutes sortes de nuances dans l'ambivalence des cinéastes vis-à-vis du montage.

Citons les noms de Jean-Luc Godard, dont le montage est encore et toujours le « beau souci », Federico Fellini, qui aurait souhaité faire un film en un seul plan et à propos duquel on a pu proposer, contre le montage, le mot montrage (1), Roberto Rossellini, qui voulait que « *les choses sortent des choses* » et voyait dans le montage l'« *instant de la supercherie et du détournement* », tout en ne se privant pas de cette manipulation, etc.

Rappelons qu'Alfred Hitchcock, dans *La Corde*, a réalisé un film de huit plans de dix minutes chacun (longueur maximale de la bobine que peut contenir le magasin de la caméra), un raccord sur deux étant, de plus, invisible, et que Jean Rouch a renouvelé l'expérience dans *Gare du Nord,* film composé de deux plans.

Cette ambivalence s'explique-t-elle si l'on pose le montage comme une nécessité ? Au cinéma, en effet, rien n'est plus beau, plus *vivant* que ce qui est capté entre caméra, magnétophone et acteurs à la prise : longs plans complexes — comme sortis de la nuit, du fond d'un puits (2) — où se tendent les forces sans que se sente le travail. Ces prises étant malheureusement extrêmement difficiles à obtenir, c'est vers un autre mécanisme nocturne, selon l'expression de Jean Cocteau — « *... un mécanisme d'âme qui ne soit pas un mécanisme de paroles, un mécanisme nocturne, mettre au jour de la nuit en détail, de la même façon qu'on monte un film...* » — qu'il faut le plus souvent se tourner. Le *ruban de rêves* peut alors dérouler des centaines d'invisibles collures.

Couper, coller, revenir en arrière, cent fois sur le métier expérimenter, cette dimension matérielle caractérise le montage-film, en même temps qu'il est travail de la pensée.

Donner forme à une matière qui est là, qui bouge, qui parle, donner *la* forme qui convient : comment y parvenir ?

Cette question, on s'en doute, n'appelle pas une réponse.

---

1. Cf. le texte de Robert Lapoujade, peintre et cinéaste, sur Fellini, *L'Arc*, n° 45.
2. Cf. Jean-Luc Godard. Entretien, à propos de *Vivre sa vie* : *« L'idéal pour moi est d'obtenir tout de suite ce qui doit aller, et sans retouches. S'il en faut, c'est raté. Le tout de suite, c'est le hasard. En même temps, c'est le définitif. Ce que je veux c'est le définitif par hasard »* (repris dans *Jean-Luc Godard par Jean-Luc Godard*, Éd. Cahiers du cinéma, 1985).

Assemblage, puzzle, théorème, accouchement, découverte, écriture, un siècle de montage est évoqué ici à travers une constellation personnelle de rencontres, de lectures, de visions de films, les unes entraînées par les autres.

Sauf indication contraire, les propos sont extraits d'entretiens réalisés pour ce livre, avec des cinéastes dont l'œuvre est particulièrement liée au montage : Robert Kramer, André S. Labarthe, et Jean Rouch ; avec des monteurs diversement représentatifs de leur profession : Jacques Comets, Yann Dedet, Agnès Guillemot et Jacqueline Sadoul ; avec Cécile Decugis et Marie-Sophie Dubus, pour leur participation au montage de deux films qu'il m'a semblé important d'analyser : *A bout de souffle* de Jean-Luc Godard, et *F for Fake* d'Orson Welles ; avec Bernard Eisenschitz, qui m'a aidée à parcourir l'histoire du cinéma.

Enfin, ce livre est sous l'influence de Jean-Luc Godard, qui a monologué sur le montage, un soir de 1988, à la FEMIS (3) : le montage — qui serait l'art spécifique du cinéma, et malgré les nombreuses recherches dont il aurait fait l'objet à l'époque du muet — n'aurait pas encore été trouvé, serait comme une plante jamais sortie de terre…

---

3. Je remercie Stéphane Thiebault, qui m'a fait parvenir un enregistrement de cette séance, dont, sauf indication contraire, les propos cités sont extraits.

Elisaveta Svilova et Dziga Vertov au montage d'*Enthousiasme* (1930).

I. QU'EST-CE QUE LE MONTAGE ?

1. Les pièces du puzzle

Quels sont les éléments en présence au montage ? Un matériau de départ, l'image impressionnée au tournage, développée et tirée au laboratoire sur une copie qui deviendra la « copie-travail » — sur laquelle le travail du montage va s'effectuer — et, depuis que le cinéma est sonore, le son, enregistré au tournage ou ajouté en différé et repiqué, c'est-à-dire copié, aujourd'hui sur bande magnétique perforée ; une machine ou table de montage, qui permet le visionnement et l'écoute de ce matériau ; et une personne, monteur ou monteuse, responsable du travail. Travail d'agencement, qui varie selon les films, mais qui a toujours une dimension très matérielle. Les voix des acteurs, c'est une bande magnétique que l'on coupe et que l'on colle ; une histoire chronologique, c'est une pellicule qui se déroule en marche avant, en marche arrière ; une bobine de sons montés, c'est du bleu et du marron. Et si en vidéo l'on travaille devant un *banc,* au montage-film on est assis *à la table.*

On décrira le montage tel qu'il se pratique le plus couramment aujourd'hui en France. A l'occasion, on parcourra l'histoire, et on évoquera aussi le déroulement du travail ailleurs, aux États-Unis par exemple, où il est plus hiérarchisé. On peut, en effet, prendre les États-Unis et la France comme deux pôles du cinéma. Cinéma industriel raffiné par Hollywood, d'une part, cinéma d'auteur inauguré par Renoir, Rossellini, et insufflé par la Nouvelle Vague, de l'autre. Le contrôle du montage de leurs films par les réalisateurs n'a pas toujours été acquis. Dans le système des studios à Hollywood, les réalisateurs étaient souvent absents du montage et ils n'avaient pas le droit de décision sur leur montage final — le célèbre « *final cut* » — en cas de litige avec la direction du studio. Les monteurs étaient donc seuls pour effectuer le travail, mais ils étaient supervisés par des « monteurs-superviseurs », eux-mêmes venus du montage, qui veillaient à ce que les films soient conformes à ce que le studio en attendait. Ils suivaient les montages en cours, les visionnaient en projection, et les faisaient re-monter, exigeant parfois de nouveaux tournages ou des trucages en laboratoire.

Adrienne Fazan, monteuse à la MGM (1), raconte que Margaret Booth — monteuse-superviseuse de ce studio de 1939 à 1968 — exigeait, par exemple, le montage de plans rapprochés que Vincente Minnelli n'avait volontairement pas tournés. Minnelli, en effet, ne voulant pas que certaines séquences qu'il aimait dans ses films soient interrompues ou raccourcies, les tournait sans gros plans et avec des mouvements de caméra. Le studio arrivait toutefois à ses fins en truquant certains cadrages au laboratoire.

A moins d'une clause particulière donnant tel droit à un employé — en l'occurrence au réalisateur —, le produit — le film — était contrôlé par la firme et lui appartenait. Le cas de Chaplin, qui perdit son procès contre Essanay en 1916, à propos de *Carmen* dont la Compagnie avait doublé la longueur, servit de précédent dans la législation. Le contrôle sur certaines parties du travail pouvait se négocier dans les contrats entre firme et employé, plus tard avec les syndicats représentant les droits collectifs des travailleurs. Si un « talent » — star, réalisateur, cameraman, scénariste, etc. — de prestige voulait avoir certains droits, par exemple le *final cut*, il pouvait l'obtenir. Lorsque Ernst Lubitsch signa avec la Warner dans les années 1920, il demanda et reçut un contrat lui donnant le contrôle total des *rushes*, du négatif, du montage final, et de toutes les décisions concernant la distribution et le sujet. Quelques individus seulement avaient ce pouvoir, et les compagnies ne voulant pas créer trop de précédents intensifièrent au contraire le contrôle de la production — les exemples ne manquent pas de films re-montés par les producteurs.

En France, les réalisateurs, s'ils n'aiment pas tous assister au travail dans la salle de montage, sont responsables de leur montage. Cela avait été une surprise pour Jean-Luc Godard de constater que des producteurs comme les

---

1. Cf. *The Classical Hollywood Cinema,* David Bordwell, Janet Staiger and Kristin Thompson, Routledge, London, 1985.

frères Hakim se donnaient, dans les contrats qu'ils passaient avec des cinéastes (Julien Duvivier, Marcel Carné, etc.) le droit de refaire le montage (2).

Le montage demande peu de connaissances techniques, mais une certaine dextérité dans les manipulations de la pellicule. On verra les qualités qu'il requiert. Ce travail est devenu progressivement un métier et une profession. Le monteur professionnel fait partie des techniciens de cinéma, au même titre que les opérateurs ou les ingénieurs du son. Le chef-monteur est souvent aidé d'un assistant-monteur et d'un stagiaire. L'équipe, très réduite par rapport à celle du tournage, comprend rarement plus de quatre personnes. Depuis quelques années, elle se double d'une équipe spécialisée dans le montage des sons. On remarque plus de noms sur les génériques des films américains, où les monteurs se répartissent différentes spécialisations.

Au début du muet, il n'y avait pas de table de montage — pas non plus de monteur. La profession est apparue aux États-Unis vers 1913, en France vers 1917, et s'est spécialisée avec le parlant. Auparavant, c'était l'opérateur du film, puis le réalisateur lui-même, qui faisaient le montage, au jugé, à l'œil, trouvant le rythme en faisant passer le film entre leurs doigts devant une source de lumière. Ils cassaient la pellicule à la main et en épinglaient les deux bouts — Godard dans son film *King Lear* (1987) a mis en scène Woody Allen dans cette situation d'épingler des morceaux de pellicule. Après avoir fait les collures, ils voyaient le résultat, bobine par bobine, en projection, décidaient d'un certain nombre de corrections, et recommençaient.La tâche de remplacer les épingles, trombones ou agrafes par des collures convenables fut ensuite confiée aux ouvrières des laboratoires. Si on perdait des images ce n'était pas grave, puisqu'il n'y avait pas de son, donc pas de synchronisme à respecter. Les premiers monteurs, aux États-Unis comme en France, furent souvent des gens qui avaient travaillé dans les laboratoires.

---

2. C'est en mars 1957 que fut votée par le Parlement une loi sur la propriété littéraire et artistique, régie jusque-là en France par un décret de juillet 1793, aménagé par les lois de mars 1902 et avril 1910. Étaient donc enfin reconnus « *auteurs d'une œuvre cinématographique réalisée en collaboration* » : l'auteur du scénario, l'auteur de l'adaptation, l'auteur du texte parlé, l'auteur des compositions musicales spécialement réalisées pour l'œuvre, et le réalisateur. Ces auteurs avaient des droits moraux une fois l'œuvre achevée, par exemple celui d'interdire toute modification de l'œuvre sans leur autorisation. Cette loi est entrée en vigueur un an plus tard, et a été complétée en 1985. Rappelons que *L'Atalante* avait été re-montée contre l'avis de Jean Vigo (en 1934), et *Lola Montes* contre celui de Max Ophuls (en 1955).

Selon les auteurs de *The Classical Hollywood Cinema*, c'est en 1913 que les monteurs commencent à assurer une partie du travail des réalisateurs. Ils assemblent un « *rough cut* » à partir du « *continuity script* » (scénario découpé), puis des notes du « *continuity clerk* » (la « scripte », le plus souvent une femme), dont le rôle émerge entre 1917 et 1920. Hal Mohr, monteur pendant la fin des années dix, puis cameraman, raconte que lorsqu'il rejoignit les studios Universal fin 1914, ils étaient neuf monteurs à travailler pour cinquante-quatre réalisateurs. Quelquefois, le réalisateur faisait le premier montage, mais le plus souvent il se déchargeait de cette tâche en donnant des instructions écrites. Généralement, il faisait le *final cut.*

Une fois établi le système centralisé de production et éliminées certaines responsabilités des réalisateurs, les « *cutters* » furent chargés du montage final et des intertitres, le réalisateur et le *producer* choisissant encore les prises pour le premier montage.

Depuis 1920, le « *cutter* » est devenu le « *film editor* », un expert technique qui affine le film du « *rough cut* » au « *final cut* », en passant par le « *fine cut* ». Le *rough cut* est une mise bout à bout conformément aux indications du scénario, des plans dont on a enlevé les claps de début et les « coupez ! ». Ce *rough cut* peut être montré à certains collaborateurs – producteurs, musicien – pour leur donner une idée du film.

En France, la durée moyenne de montage d'un long métrage de production standard est actuellement de quatre mois, pendant lesquels, souvent, on ne voit pas le temps passer. Jean Cocteau avait ressenti cela pendant le montage de *La Villa Santo Sospir*, dont il parle dans *Le Passé défini* : « *Rien n'est plus fastidieux que n'importe quel travail d'écriture après celui du montage. Le montage est un sport. Le temps passe à toute vitesse. On aimerait monter un film sans relâche. On oublie de déjeuner et de dîner. Ensuite, on cherche les moindres retouches pour ne pas en finir.* »

Le montage peut commencer alors que le tournage n'est pas achevé. Le monteur avance alors seul au fur et à mesure qu'il reçoit les bobines. Après l'aventure du tournage, les réalisateurs ont besoin de retrouver leurs esprits pour se concentrer sur le montage. Toutefois, rares sont ceux qui comme Charlie Chaplin — qui était son propre producteur — peuvent prendre un mois de réflexion. Les délais pour terminer les films sont de plus en plus serrés, les dates de sortie en salles pouvant être fixées dès la mise en chantier du projet. En cas de dépassement du temps de tournage, il est impossible de décaler d'autant la fin du montage. Le temps du montage est alors rétréci. Le monteur, en principe, n'assiste pas au tournage. Il découvre le film lors des projections des *rushes,* c'est-à-dire de la pellicule tournée. Le mot « rushes » — à l'origine pellicule développée et tirée *rapidement* pour que l'équipe d'un film puisse voir ce qu'elle a tourné — est couramment employé en français. On peut préférer parler de « premier positif ». En termes techniques de laboratoire, il s'agit, en effet, du premier tirage d'un positif. Avant-guerre, on disait aussi les « bouts », bouts de pellicule montrés dans l'ordre du tournage, qui est rarement celui du film.

Un premier travail, effectué souvent au laboratoire, consiste à synchroniser l'image et le son tournés à la même vitesse, et à mettre bout à bout les bobines, prise après prise, plan après plan.

Des réalisateurs tournent de multiples prises du même plan, dont le nombre varie. Selon la monteuse de Roberto Rossellini, jamais plus de deux dans les séquences dialoguées de *Voyage en Italie*, et, à l'autre extrême, jusqu'à soixante-quinze, pour certains plans de *Pickpocket* — Robert Bresson faisant répéter le même texte « *pour expulser toute la psychologie du personnage. Il s'acharne à faire sortir, à extirper toute tentative d'interprétation personnelle pour récupérer ce qu'il appelle le naturel* » (3).

D'autres tournent une même séquence de plusieurs façons. Cela s'appelle *se couvrir*, et se pratique couramment aux États-Unis : une même scène est tournée en plan général — « *master scene* » — et en plans plus rapprochés. D'où une abondante matière à regarder d'abord, à choisir ensuite, à monter enfin. Cette technique caractéristique de la méthode américaine entraîne une certaine *folie* du montage du fait de l'abondance de matière. Les auteurs de *The Classical Hollywood Cinema* en voient l'origine dans le tournage à plusieurs caméras — deux à neuf caméras — qui se pratiquait parfois dans le cinéma muet (*Ben Hur*, par exemple, et les films de Cecil B. De Mille), et qui a dominé dans les studios au début du sonore, entre 1929 et 1931. Le tournage à plusieurs caméras fut une mesure provisoire avant la construction de caméras sonores (insonorisées) et d'une machinerie *(dollies,* etc.) capable de porter un équipement plus lourd que du temps du muet. Les difficultés pratiques entraînées par ce système de tournage — cacher les micros, éclairer pour plusieurs angles de caméra — et les dépenses de pellicule non utilisée étaient acceptées en raison de la fluidité qui était obtenue par le montage de ce matériau. Après la disparition des caméras multiples, on garda l'habitude de filmer chaque action entièrement en plan général, des actions-clé étant

---

3. Entretien avec Jolanda Benvenuti, *Voyage en Italie,* Éd. Yellow Now, 1990. Entretien avec Marika Green, *Pickpocket,* Éd. Yellow Now, 1990.

répétées en plans plus rapprochés. John Ford est un des rares cinéastes hollywoodiens connu pour avoir refusé de filmer ces « *master shots* » et contrôlé ainsi son montage au tournage.

En France, jusqu'à ces dernières années, le monteur assistait avec l'équipe du tournage aux projections quotidiennes de ce qui avait été tourné la veille. Certains regrettent que ce lien du monteur au tournage se soit perdu. Aujourd'hui, on expédie les bobines au monteur qui les voit seul, et qui attend le réalisateur pour choisir les prises, à moins qu'il n'aille sur le lieu du tournage une fois par semaine ou tous les quinze jours pour ces séances de choix avec le réalisateur. Choix crucial en effet, qui ne peut être fait sans le réalisateur, même si le monteur donne son avis, et même si le choix peut être remis en question ultérieurement. Après ces séances de choix et le dédoublage (4) — ou, selon un terme emprunté à la vidéo, le dé-rushage — qui s'ensuit, le film quitte l'état de *rushes,* et le montage proprement dit commence.

Comment commencer ?

Voyons ce que dit Jean Rouch de l'ordre du travail au montage : « *Dans le montage d'un film, on commence par le début, puis on essaye de savoir où on va. Le plus souvent, je monte les deux premiers tiers, puis le dernier tiers par la fin. J'ai une théorie peut-être un peu littéraire. Je me souviens des leçons de composition française : il fallait faire une introduction, deux parties et une conclusion ou troisième partie, dite de synthèse. On commençait par l'introduction, on rentrait dans le sujet, la première partie était moche, on avançait un peu dans la deuxième, trouvait la conclusion, écrivait cette conclusion, récrivait la deuxième partie, de ce fait on modifiait la première, et en dernier lieu l'introduction. Le montage, c'est comme une narration, raconter une histoire. C'est peut-être aussi ce qui se passe en musique, où la note finale se prolonge, et effectivement est importante. D'où l'expression : une histoire* sans queue ni tête. *On commence par la queue. C'est le suspense d'Hitchcock, la fin que l'on a fait pressentir à un moment sans la donner. Tout le film remonte. Instinctivement, c'est ce que l'on fait au montage.* »

Jean-Luc Godard ne pouvant décider de la première phrase du roman qu'il voulait écrire — « *Il pleut* », « *Elle marchait à pas rapides…* » ? — a, dit-il,

4. Le dédoublage, c'est garder une seule prise d'un plan et enlever les autres, que l'on appelle alors les « doubles ».

choisi de faire du cinéma, passant par le biais d'une machine (la caméra) qui pense pour lui.

Au montage, il faut bien commencer.

Aux États-Unis, les monteurs effectuent d'abord un *rough cut*, dégrossissement qui laisse parfois une marge de choix. Par exemple, dans les champs-contrechamps, la même phrase est dite deux fois, une fois *in* par le personnage qui la prononce, une fois *off* sur l'image de l'autre personnage (qui écoute), de façon à laisser plusieurs possibilités de raccords et de chevauchements. En France, les monteurs remettent généralement en cause cette conception d'un « premier montage ». S'ils travaillent dans un premier temps seuls, ils préfèrent présenter des séquences montées au réalisateur, et non une première ébauche à raccourcir.

De toute façon, comme le dit Marie-Sophie Dubus (5), avec ou sans le réalisateur, un montage est toujours définitif quand on le fait. Ce qui n'empêche pas de le reprendre ensuite. « *On ne fait pas que des collures bonnes, le montage est fait pour être repris et re-repris, mais il faut se laisser aller à sa première intuition, toujours. Une intuition à laquelle il ne faut jamais tourner le dos, quitte après à la renier complètement.* »

Jacques Comets (6) parle « *d'une première approche, avec plus ou moins de proximité avec le metteur en scène* » selon le contrat passé avec celui-ci — certains refusent d'entrer dans la salle de montage, d'autres sont présents mais n'interviennent pas ou interviennent à certains moments, etc. Cette première approche est suivie d'un travail avec le metteur en scène : « *On voit les lignes justes, les directions contestables. Il y a dialogue du metteur en scène à la fois avec son film et avec le monteur.* »

Lorsque le cinéaste est peu présent à cette première phase du montage, ce que l'on appelle habituellement « premier montage » est en quelque sorte le montage du monteur. Il est logique que celui-ci préfère le rendre opératoire, c'est-à-dire supprime le parasitage des raccords non faits. D'autant que seuls des cinéastes connaissant bien le montage peuvent faire abstraction de ces défauts. Mieux vaut proposer au cinéaste un montage abouti, quitte à le

---

5. Marie-Sophie Dubus a travaillé entre autres, avec Costa Gavras, Francis Weber, Claude Goretta, Peter Brook, Andrzej Zulawski. Elle a monté *F for Fake* d'Orson Welles, et monté pendant six mois avec lui *The Other Side of the Wind.*

6. Jacques Comets est co-directeur du département Montage à la FEMIS. Il a monté, entre autres, des films de Christine Pascal, Anielle Weinberger, Bernard Stora, Laurent Heyneman, Jean-Luc Miesch, Charlotte Dubreuilh.

retravailler, à la fois dans la conception de l'ensemble et dans le détail. La dépossession du montage pour les cinéastes qui confient leur film au monteur est évidemment provisoire. C'est ce qu'explique rationnellement le monteur qui préfère souvent exécuter ce premier travail seul : s'il se trompe, rien n'empêche de recommencer. Contrairement au travail de la prise de vues, au montage on peut revenir en arrière.

Le montage commence donc, petit à petit, séquence après séquence. Plaisir *physique,* pour beaucoup, de prendre trois bobines de rushes (trois fois dix minutes en 35 millimètres), et d'en faire une séquence de cinq minutes — qui ensuite bougera, s'améliorera au contact des autres.

Déception *et* plaisir d'un ordre sans doute plus spéculatif dans la phase suivante du travail, où le montage ressemble vraiment à l'art du puzzle défini par Georges Perec dans le préambule de *La Vie mode d'emploi* (1978). Le puzzle (le montage) comme ensemble et non comme somme d'éléments, le puzzle comme forme, structure dans laquelle une pièce isolée ne veut rien dire (7).

« *Une pièce d'un puzzle est seulement question impossible, défi opaque ; mais à peine a-t-on réussi, au terme de plusieurs minutes d'essais et d'erreurs, ou en une demi-seconde prodigieusement inspirée, à la connecter à l'une de ses voisines, que la pièce disparaît, cesse d'exister en tant que pièce : l'intense difficulté qui a précédé ce rapprochement, et que le mot* puzzle — énigme — *désigne si bien en anglais, non seulement n'a plus de raison d'être, mais semble n'en avoir jamais eu, tant elle est devenue* évidence : *les deux pièces miraculeusement réunies n'en font plus qu'une, à son tour source d'erreur, d'hésitation, de désarroi et d'attente.* »

Le montage après le « premier » *montage*

Après le dédoublage et le premier montage — que l'on appelle parfois un bout à bout, ou un *ours,* selon le degré d'avancement du travail — vient le moment où, pour la première fois, le monteur voit le film comme un spectateur, en projection, dans la longueur, dans l'ordre. Auparavant, il a vu et

---

7. « *Induire, tâtonner et déduire [...] Une seule possibilité d'ajustement* », ce sont aussi les termes de Jean-Luc Godard, pour parler du montage difficile de *La Chinoise* (1967). « *Une sorte de théorème qui se présente sous forme de puzzle...* » (entretien paru dans les *Cahiers du cinéma, op. cit.*). Sur les rapports du montage et du puzzle, je renvoie à *Citizen Kane* (1941), film-puzzle dans lequel la femme de Kane trompe son ennui avec des puzzles gigantesques.

monté les séquences, isolément, les unes après les autres, sur la table de montage, dans le désordre. Une séquence vue indépendamment de ce qui vient avant, et forcément de ce qui vient après (qui n'est pas encore monté), n'est pas vue de la même façon. On voit son rythme interne, il vous convient, on laisse de côté cette séquence, on passe à une autre. Selon sa place dans la narration, selon ce qui l'entoure, elle prendra une autre dimension (8). Cette séquence aura plusieurs manières de se *débrouiller* et le monteur a parfois l'impression que ce n'est pas lui qui aura décidé mais le film. Soit elle est portée par tout ce qui la précède, soit elle apparaît sans intérêt. *Alors on remanie.*

Dans l'ensemble, les monteurs constatent que les films *bougent* plus qu'« avant » — avant, où le montage remettait moins en question les films, qui suivaient sans doute plus linéairement les scénarios, eux-mêmes plus linéaires.

Comment voir, déceler, sentir ce qui « ne va pas » ?

Certains se laissent guider par une *respiration,* qu'ils prennent au départ et gardent jusqu'au bout. En fonction de cette respiration générale, telle séquence venant après telle autre ne correspond pas à l'attente, provoque un dérapage de l'attention, l'ennui. Trois grandes solutions s'offrent alors au monteur, chacune avec des dizaines de variantes : *supprimer, raccourcir ou intervertir.*

La première solution est assez rare. Si une séquence a été tournée, il est peu probable qu'elle soit complètement inutile. On peut cependant couper des séquences trop longues, des répétitions. Cela dépend des films, mais à ce stade, on raccourcit souvent d'un quart d'heure sur une durée de deux heures environ. Il arrive qu'on intervertisse des séquences en fonction de l'intérêt supposé du spectateur, d'une ligne de son attention.

André S. Labarthe (9) parle de stratégie de frustration du spectateur, mise en place au montage, et voit plutôt une pente : le film doit *courir* tout du long. Selon lui, le véritable plaisir du montage, c'est de voir *surgir*

---

8. « *Tous ceux qui ont eu en main un bout de film à monter savent par expérience combien il demeure neutre — même s'il doit faire partie d'une séquence planifiée —, jusqu'au moment où on le colle avec un autre fragment et que soudain il acquiert et il exprime une signification toute différente et souvent tout à fait à l'opposé de celle qui avait été prévue au moment du tournage* », S.M. Eisenstein, *Le Film, sa forme, son sens,* Éd. Bourgois, 1976.

9. André S. Labarthe a été critique aux *Cahiers du cinéma* et acteur dans plusieurs films de la Nouvelle Vague. Il est réalisateur de télévision. Il a co-produit avec Janine Bazin, et réalisé plusieurs émissions de la série *Cinéastes de notre temps*, poursuivie aujourd'hui avec *Cinéma de notre temps.* Il a réalisé de nombreux films sur l'art, ainsi qu'un film sur Orson Welles : *L'Homme qui a vu l'homme qui a vu l'ours.* Le montage est un élément particulièrement important de sa pratique et de sa réflexion.

quelque chose à quoi on n'avait pas pensé. Une séquence trouve sa vraie place, elle était un peu après le début, elle ira mieux un peu avant la fin.

L'idée de surgissement me semble extrêmement importante. Agnès Guillemot (10) cite Jules Supervielle : « *A force d'y penser et de n'en dire rien, / Vous aviez fait un jour surgir sans y songer / Un grand pommier au milieu de l'hiver.* »

Ce surgissement s'inscrit en faux contre un volontarisme qui espérerait pouvoir tout faire au montage : redoublements de raccords, séquences de crescendo, montage parallèle plaqués sur la pellicule. Déjà, Eisenstein, s'il se réclamait de Pavlov, n'oubliait pas Freud. Et Buñuel, qui cite *Potemkine* parmi les films qu'il aime, a également dit l'importance qu'avait eue pour lui la psychanalyse. « *Horreur de comprendre. Bonheur d'accueillir l'inattendu* » (11).

Selon Yann Dedet (12), il s'agit à chaque film de « *refaire le monde* », de construire, souvent de contredire — par exemple, ralentir une scène tournée très vite —, contredire pour que cela ait l'air d'arriver par hasard. Ce qui a été prévu depuis des mois, écrit sur le papier, répété quinze fois s'il y a quinze prises, cela qui est mort plusieurs fois, essayer de le faire revivre.

Conception qui s'oppose au « beau boulot », aux scénarios « bétonnés », aux raccords « parfaits », prévus d'avance.

Sans se concerter, c'est toute une famille de cinéastes et de monteurs qui tient ce langage.Pour Jean-Luc Godard, par exemple, le montage est le seul moment de l'existence où l'on a *physiquement* le présent, le passé et le futur. On a un objet, là, devant soi, avec un début et une fin. « *C'est là physiquement, comme un phénomène physique, mais à vue d'œil.* »

L'œil, encore. Ce serait un premier mot pour expliquer le travail de montage : *regarder*.

---

10. Cf. *Cinématographe*, n° 108, mars 1985. Agnès Guillemot a monté dix films de Jean-Luc Godard, quatre films de François Truffaut, cinq films de Jean-Charles Tacchella, entre autres.
11. Luis Buñuel, *Mon dernier soupir*, Éd. Ramsay, 1986.
12. Yann Dedet a monté *Sweet Movie* de Dusan Makavejev, cinq films de François Truffaut, quatre films de Maurice Pialat, ainsi que les films de Jean-François Stévenin et ceux de Patrick Grandperret, entre autres.

2. Regarder

« *Regarde de tous tes yeux, regarde* » : cette phrase de Jules Verne, Georges Perec l'avait mise en exergue de son préambule sur le puzzle.

Regarder, c'est ce que l'on n'arrête pas de faire au montage. Bien sûr, il arrive que le son soit décisif, et que l'on passe du temps à écouter et à monter des musiques, des ambiances, des bruits, effets ou dialogues. C'est une phase du travail du montage qui intervient à la fin, le montage-son. Mais auparavant, on a passé des semaines à regarder, de très près, parfois directement, la pellicule que l'on tient en main, du geste des monteurs du muet — on cherche le photogramme — le plus souvent sur le petit écran de la table (de montage).

Regard de taupe, comme disaient Noël Burch et André S. Labarthe, lorsqu'ils montaient ensemble les émissions de *Cinéastes de notre temps*. Aveugles à l'entour, concentrés sur ce qu'il y a à voir, et, plus mystérieusement, sur ce que « dit » le film, ils se donnaient pour règle de se faire bêtes, de laisser aller…

Il fait noir. On regarde. Le monteur droit dans l'axe et à la bonne hauteur de l'écran, le réalisateur légèrement à côté, l'assistant derrière, par exemple. On regarde, on décide d'enlever une séquence, un plan, une partie de plan, ou de les changer de place. Ensuite, on voit ce que cela donne. Et ainsi de suite. Pendant des mois.

Quand on n'est pas dans la salle, on est en projection, pour regarder encore. D'un peu plus loin, sans s'arrêter, une image plus grande, sur un écran plus grand. On décide certaines rectifications. On les exécute. On regarde. Etc. Le travail à la table alterne avec le travail en projection, selon le rythme particulier à l'équipe. Jacqueline Sadoul (1) voyait mal sur la table, à l'époque une moritone. Avant et après, elle avait besoin de la vision sur *grand écran*.

Le travail en projection

Selon Yann Dedet, François Truffaut travaillait beaucoup en projection, à l'américaine. Plus d'une projection par semaine. Il y parlait tout le temps. Il

1. Jacqueline Sadoul a d'abord été assistante-monteuse sur *Liliom* de Fritz Lang (1934). Pendant la guerre elle a été monteuse de doublages aux États-Unis. De retour à Paris, elle a repris le montage avec *Les Parents terribles* de Jean Cocteau. Dans les années soixante, elle a passé cinq ans au Service de la Recherche de l'ORTF, où elle a monté, par exemple, l'émission de Benoît Jacquot sur Jacques Lacan.

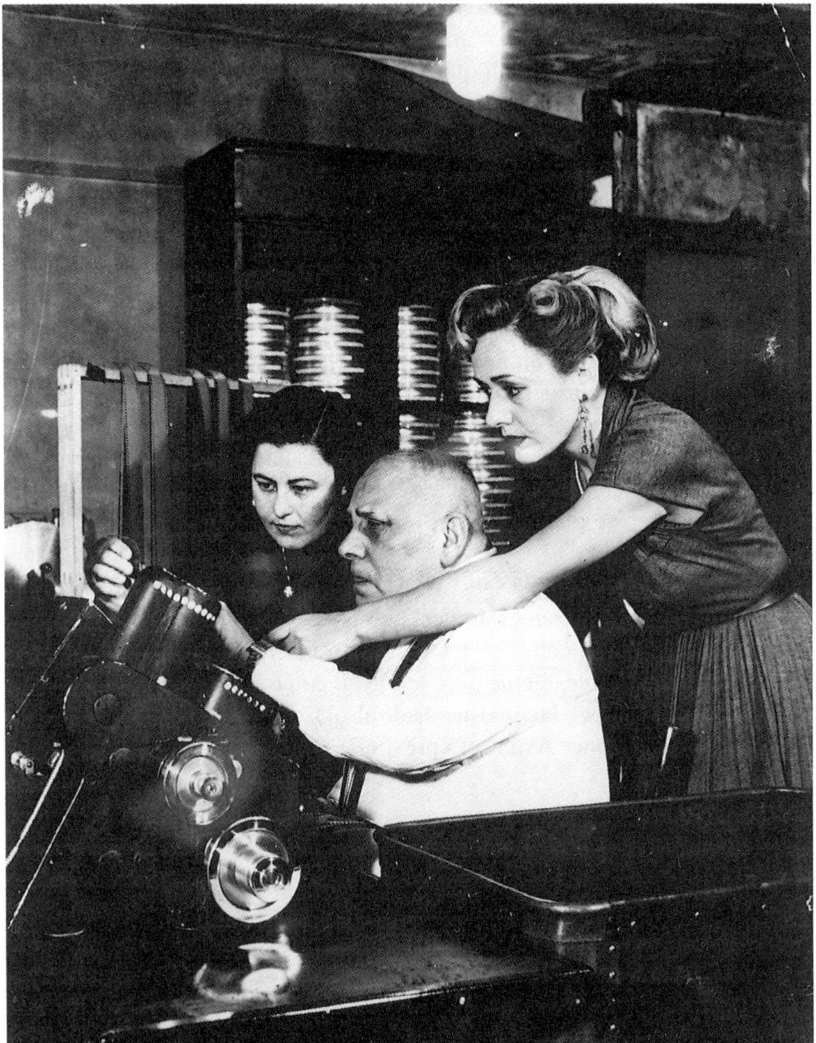

Renée Lichtig, Eric von Stroheim et Denise Vernac.

disait ce qui n'allait pas dans le montage, le monteur devait prendre des notes, ce qui le gênait pour voir le film. Au fur et à mesure des projections, Truffaut parlait moins, puisque le travail s'améliorait, que le film commençait à ressembler à ce qu'il voulait.

Cette façon de travailler prend, forcément, plus de temps que la collaboration du monteur et du réalisateur dans la salle de montage. Lorsque, par exemple, le cinéaste en projection se demande si l'acteur n'était pas meilleur dans une autre prise, il faut attendre plusieurs jours la sanction de la projection suivante.

Avec Jean-François Stévenin, le rythme est d'une projection tous les quinze jours. Il aime que le montage ait vraiment changé entre-temps, que les changements rebondissent. Selon son monteur, en revenant de projection, Jean-François Stévenin, dans la salle de montage, reprend rarement le film par le début. Soit il attaque les points cruciaux, soit au contraire il les laisse dormir. Il déteste toute méthode — par exemple, commencer par la scène dont on lui a dit en projection qu'elle n'allait pas. Il se « jette » plutôt sur une scène qu'il aime bien, la modifie, s'aperçoit que cela change tout dans la séquence suivante, repart pour un tour dans le désordre total, et lorsqu'il revient à la séquence problématique, c'est avec moins d'angoisse. Ce n'est plus *le* problème, c'est un problème comme les autres.

Etre un bon spectateur

André S. Labarthe pense que pour être monteur il faut déjà être un très bon spectateur. Un spectateur actif, qui, lorsqu'il regarde un film, passe par où le metteur en scène l'a voulu, et sait détecter ce qui appartient à la science des effets mis en œuvre par celui-ci. Cette science des effets théorisée par Edgar Poe en ce qui concerne la littérature, est pour André S. Labarthe le fondement de la modernité dans l'art, et le moteur de sa réflexion et de sa pratique cinématographiques personnelles.

Ce spectateur doit savoir s'analyser soi-même, mettre ses sensations, ses sentiments en regard de chacun des moments du film où il y a un effet. Là, il y a tel effet, d'où vient que je ressente telle chose ? Comment cela a-t-il été fabriqué ? Au tournage ? Au montage ? La plupart du temps, on perçoit que les acteurs sont un élément capital de la transmission des émotions, mais il n'y a pas que cela, il faut pousser plus avant l'analyse.

La seule façon d'apprendre le montage, c'est d'apprendre à s'analyser face à un film (2). Si à tel moment du film, on éprouve telle sensation, est-ce qu'on l'éprouverait sans le reste du film, uniquement avec cette séquence, ou bien tout ce qui l'a précédé était-il nécessaire ?

Savoir être le cobaye de ce qu'on monte. Regarder, analyser, *ses* impressions, *ses* perceptions. Quelquefois, il se passe quelque chose dans un plan « moche », donc on le garde. Lorsque l'on n'est pas attentif à ce que l'on ressent personnellement, on fabrique des objets peut-être bien profilés mais sans intérêt.

André S. Labarthe aime l'idée que tout soit *effet*. Un moment où il ne se passe rien peut bénéficier de la résonance de l'effet précédent, ou encore permettre au spectateur de recharger (3) sa capacité d'absorption. Dans la littérature et au cinéma c'est rarement l'histoire qui intéresse André S. Labarthe, même si elle est nécessaire, mais plutôt le dispositif, le *piège*.

Yann Dedet considère Jean-François Stévenin comme un immense monteur, capable de faire raconter quelque chose à n'importe quel plan, capable de faire quelque chose d'un mauvais film. « *Je n'ai jamais vu quelqu'un qui regarde la pellicule comme ça. Il y voit tout ce qu'on peut y voir, et à coup de sons rajoutés, de déplacements, de petites coupes très vicieuses, il fait quelque chose de magnifique.* »

Pour le monteur, c'est parfois frustrant. Sur *Passe-montagne,* leur première collaboration, Yann Dedet dit n'avoir signé que trois raccords sur les cinq cents du film. Jean-François Stévenin lui a appris beaucoup de « trucs ». Surtout, sa force consiste à ne jamais faire primer l'idée, mais toujours ce qu'il y a sur la pellicule, dans le son. « *Quelquefois, dans les plans, il y a un truc qu'on voit, on se dit que c'est formidable mais que personne ne le verra. Jean-François arrive à faire qu'on le voie, en décalant un son, en montant sur un mouvement…* »

Il faut reconnaître que le réalisateur a toujours plusieurs longueurs d'avance sur le monteur. Il pense à son film, en écrit le scénario et le tourne. Certains « trucs » de montage, dans le cas de Stévenin, sont prévus depuis des années. Par exemple, dans *Passe-montagne,* les raccords prenaient toujours Jacques Villeret sur un pied, jamais les deux pieds sur terre. Ce qui créait un personnage en état de vol, de déséquilibre, aérien.

2. Je préfère cette conception de « l'analyse » à celle, parfois avancée, de « lecture » de l'image.

3. Ce mot m'évoque les métaphores employées, à propos du montage, d'une part par Eisenstein : « *Pas tant les explosions que les processus de compression qui précèdent les explosions* », et d'autre part par André Bazin à propos d'Orson Welles : « *La scène dans sa durée se charge comme un condensateur.* »

Sur *Double messieurs,* Yann Dedet a commencé à s'amuser avec des raccords-à-la-Stévenin. Il y avait échange, surenchère, un vrai « cinquante-cinquante ».

Même intensité du regard chez Agnès Guillemot. « *Je regarde énormément les éléments pour qu'ils me disent ce qu'ils veulent qu'on fasse d'eux.* » Godard lui avait dit une fois qu'ils se complétaient bien, lui visuel-audio, elle audio-visuelle. En fait, elle s'est aperçue qu'elle serait plutôt audio-tactile.

Le meilleur monteur est sans doute celui qui voit juste et vite. Selon Jacques Comets, il s'agit d'une qualité de « *vista* », d'une précision du regard, comparable selon lui à celle d'un Platini, qui voit d'emblée la trajectoire brossée, complexe, unique, que la balle fera d'un point A à un point B, le coup de pied qu'il faut donner, la façon de placer le pied sous cette balle-là.

C'est au montage que l'on voit le mieux un film. On peut en effet le regarder pour ainsi dire à la loupe, en avant, en arrière, à la vitesse qu'on veut, seul ou à plusieurs qui font leurs commentaires. C'est le lieu de la plus grande acuité critique. Tout se dit — et se prouve, d'un mouvement de manivelle — sur le film, dans le plus grand détail. Beaucoup plus impitoyablement que sous la plume du critique le plus méchant. Et il y a beaucoup à voir. L'image, le son, les deux à la fois. On ne sait jamais si ce qui ne « passe pas » vient de l'un ou de l'autre. Tout joue : le détail et l'essentiel, une ombre dans le champ, le mouvement, le geste d'un acteur au début d'un plan, qui rime avec un plan précédent et qu'il faut intervertir, etc.

On regarde chaque jour, toute la journée. L'œil s'accoutume (l'oreille aussi), il faut revenir en arrière avec un regard neuf : le sien, qu'on mettra à distance, ou un autre, extérieur. Un regard qui saura faire abstraction des finitions, qui saura voir un film en « copie-travail », non étalonné, non mixé, avec des collures partout, des rayures, des marques de crayon, etc.

Le montage doit-il se voir ?

Paradoxalement, ce travail du regard conduit à un résultat qui, en principe, ne doit pas se voir ; en tout cas, dans le cinéma dit classique.

Dans une enquête publiée par *Film Comment* en 1977, des monteurs désignaient comme première qualité du montage le fait de ne pas se voir. James Clark, monteur anglais né en 1931, ayant plusieurs fois travaillé, entre autres, avec Stanley Donen et John Schlesinger, répondait à la question : « *qu'est-ce qu'un bon montage ?* » : « *celui qui ne se voit pas* », et à la question :

« qu'est-ce qu'un grand montage ? » : *« celui que même les autres monteurs ne voient pas ».*

Depuis que la presse spécialisée existe (1907), les spectateurs aux États-Unis ont été informés de certaines techniques de la prise de vues et encouragés à la vigilance sur les questions concernant le spectacle, la mise en scène, les effets spéciaux, mais pas sur le montage, qui doit être discret. Peu de spectateurs sont attentifs au montage, même lorsqu'ils en ressentent certains effets.

Roger Leenhardt, dans un article sur le rythme cinématographique faisant partie de la série intitulée *La Petite École du spectateur* (4), conseillait d'apprendre à deviner l'instant du changement de plan, dans une attitude de « *contemplation active* » qui permet d'apprécier le côté « *exquis* » — parce que miraculeusement précis : à un dixième de seconde près — du plaisir esthétique du cinéma : « *Vous apprendrez à connaître ce malaise à la poitrine que produit une vue trop longue, qui "freine" le mouvement, ou ce délicieux acquiescement intime lorsqu'un plan "passe" exactement...* »

Eisenstein, par exemple, se souvenait (5) avoir eu du mal à repérer, au début de sa carrière, le montage d'une séquence où Douglas Fairbanks éteignait sa cigarette dans un cendrier : plan moyen : il enlève la cigarette de sa bouche, gros plan : sa main éteint la cigarette dans le cendrier, plan-genoux : ayant jeté le mégot, il s'éloigne de la table. Il est vrai que le cinéma américain a très rapidement mis au point un modèle de narration dont le découpage/montage respectait les unités d'action, de lieu et de temps, et incluait un spectateur invisible situé pour chaque plan au meilleur point de vue possible. D'où les ponctuations standard (enchaînés, fondus, iris, intertitres, panoramiques filés, volets), et les raccords, recadrages et champs/contrechamps. Les auteurs de *The Classical Hollywood Cinema* démontrent cela admirablement, à partir d'un échantillonnage de films. Ils distinguent une période « primitive », qui va jusqu'en 1917, pendant laquelle les actions sont montrées en bloc au spectateur. Dans la période « classique », de 1917 à 1960, chaque détail est façonné pour le spectateur, d'où le grand nombre de plans qui caractérise ce cinéma. D'où aussi un rôle restrictif (6) du montage, que

---

4. Paru en 1936 dans *Esprit*, repris dans *Chroniques de cinéma*, Éd. de l'Étoile-Cahiers du cinéma, 1986.

5. Dans *The Classical Hollywood Cinema*, *op. cit.*

6. Cet aspect modeste dans la conception américaine du montage, Bernard Eisenschitz — traducteur, historien du cinéma, auteur de *Roman américain : les vies de Nicholas Ray*, Éd. Christian Bourgois, 1990 — en voit un autre signe dans une expression des monteurs américains à propos

traduit le mot américain « *editing* » : enlever ce qui est mauvais ou inutile. Cette conception américaine basée sur la continuité et la linéarité narratives s'est incarnée exemplairement dans le cinéma de Howard Hawks qui, par exemple, détestait les flashes-back. William Faulkner, dans ses scénarios comme dans ses romans, imaginait des constructions plus complexes, que ce cinéaste lors de leurs collaborations a régulièrement oblitérées. On pourrait dire que cet écrivain, ainsi que d'autres — Dos Passos notamment — pratiquaient le montage au sens « noble » où on l'entend couramment aujourd'hui, et qui fait référence aux expérimentations de cinéastes soviétiques (Eisenstein, Vertov, etc.) et français (Abel Gance).

3. Editing, montage, cutting

Le mot « montage » est en effet également employé (1) aux États-Unis. Il est importé vers 1934 via l'URSS, par les cinéastes hollywoodiens pour désigner certaines opérations localisées, certaines séquences de montage à effets, à l'intérieur des films. Séquences de transition, qui doivent montrer beaucoup de choses en peu de temps, et qui font appel au pouvoir du montage de condensation dans le temps ou dans l'espace. Il s'agit d'enchaîner — le plus souvent avec des fondus — un très grand nombre de plans courts.

Un exemple canonique de séquence de « montage » est celui de la dégradation du mariage dans *Citizen Kane*. On peut citer aussi l'ouverture de *Meet John Doe*, que Frank Capra réalisa la même année. Plus près de nous, l'arrivée des vacanciers de *Jaws* (Steven Spielberg, 1974), sans fondus-enchaînés.

A Hollywood, il y avait des spécialistes — Slavko Vorkapich par exemple au début des années trente — de ce genre de séquences, qui ont moins cours depuis que le montage se passe de transitions. Ces séquences faisaient souvent appel à des procédés d'avant-garde ou d'animation (pièces de monnaie qui s'entassent, etc.) : surimpressions, visages déformés, gros plans, habi-

---

du film ou de l'émission sur lequel ils travaillent : c'est le mot show. « *I finished this show on Monday, on Tuesday I was doing another one* ». Ils ne parlent pas de « film », ni de « *movie* », ni de « *motion picture* », mais de « *show* ». Comme un spectacle de Broadway, c'est une unité de spectacle, qu'ils montent tant bien que mal, en suivant le scénario et les quelques indications qu'on leur donne.

1. Le terme français « montage » connotait virtuosité et sophistication. C'est ainsi que le magazine officiel de l'Academy of Motion Picture Arts and Sciences lancé en 1939 fut appelé *Montage*. Cf. *The Classical Hollywood Cinema, op. cit.*

tuellement exclus du cinéma américain. Slavko Vorkapich a lui-même réalisé des courts métrages d'avant-garde, et il a finalement donné des cours dans lesquels il racontait comment il faisait ces « *montage sequences* ».

Il justifiait son travail par les théories du « cinéma pur », du cinéma comme symphonie du temps et de l'espace. Mais tandis que les avant-gardes française et soviétique célébraient le montage pour tout le film et sans les contraintes de la narration, les Américains laissaient l'histoire déterminer la forme du film et confinaient le montage à des fins étroites de transition.

Les séquences de montage apparaissent avant l'influence du montage soviétique (2), par exemple dans *So This is Paris,* d'Ernst Lubitsch (1926). A cette époque, les effets compliqués de surimpressions s'appelaient « plans UFA ». Reconnus comme spécifiquement germaniques, ils étaient liés aux rêves, hallucinations, etc. Ces premières séquences de montage établirent deux traits importants : le lien entre plusieurs plans courts et la motivation du montage par la psychologie des personnages ou d'autres facteurs narratifs. Plus tard, la connaissance du cinéma soviétique poussera Hollywood à introduire l'abstraction à travers les cadrages, les très gros plans inclinés, les contre-plongées, etc.

Ce mélange soviéto-allemand prit un tour très fonctionnel : les cadres stylisés signalaient que ces plans n'appartenaient pas au même niveau narratif que les scènes « normales », tandis que les volets et les enchaînés signalaient une grande compression du temps. Les premiers films parlants utilisèrent les séquences de montage pour résumer un processus, par exemple l'ascension sociale d'un personnage.

Cutting, cut

« *Cutting* » est un autre mot pour désigner le montage, l'opération matérielle du coupage, — comme a pu l'appeler Hitchcock dans une séquence de *Cinémas Cinéma* qui lui était consacrée par André S. Labarthe. En français, on parlera d'ailleurs de coupe, plutôt que de collure (matérielle), ou de raccord (ambigu : il y a les « faux », ceux qui ne raccordent rien), ou de changement de plan (on coupe également à l'intérieur des plans).

---

2. A part *Potemkine*, projeté aux États-Unis en 1926, les films soviétiques seront importés après 1928.

En anglais, bien sûr, on travaille dans une « *cutting room* », salle où les monteurs coupent, surnommée « cabinet des horreurs » à Hollywood par les acteurs qui se disaient « massacrés » au montage. On peut en effet imaginer la déception d'un acteur dont le rôle a été « coupé au montage » ou dont une scène a « sauté au montage ». Heureusement, il arrive au contraire que des acteurs apprécient les coupes du montage. Richard Widmark a même pu dire — lui aussi dans une émission de *Cinémas Cinéma* — que c'était au montage que se faisait la fameuse et mystérieuse « direction d'acteurs ». L'expérience prouve en effet que couper peut améliorer. Couper les hésitations, les gestes inutiles, les erreurs de diction, les faussetés de ton, voire le cabotinage ou les tics… Il arrive que des rôles soient construits au montage, pas seulement par les vertus de la coupe : ainsi le monteur Peter Przygodda peut-il revendiquer une part déterminante dans l'interprétation de Dennis Hopper dans *L'Ami américain,* selon une information de Bernard Eisenschitz.

Au montage, on peut en effet faire beaucoup de choses (3), rendre un personnage intelligent ou sympathique. Les acteurs sont la matière, la chair du film et de son montage. Réciproquement, le montage donne « direction », donne forme au jeu des acteurs. D'ailleurs, dans des films comme ceux de René Clair qui nous semblent avoir vieilli, ce n'est pas tant le style du montage, le rythme des plans qui choquent, que l'absence de tranchant, de rapidité du jeu, dont le montage est en partie responsable. Le montage ne peut toutefois pas *tout* faire, et le rythme du jeu d'un acteur n'est pas toujours transformable.

L'aspect manipulateur du montage est aujourd'hui manifeste dans certains reportages diffusés dans les actualités télévisées. Un monteur de TF1, Jean-Pierre Lacam, a été accusé par la Justice, au moment des événements étudiants de 1986, d'avoir falsifié la réalité (des manifestations et de leur répression) en inversant l'ordre de plans.

Plus généralement, lorsque quelque chose ne va pas, la solution consiste plutôt à couper qu'à rallonger. (Comme le dit Jean-Luc Godard, c'est comme

---

3. Eisenstein raconte comment il participa avec Esther Choub au re-montage de films allemands, comme *Le Docteur Mabuse*. Il donne des exemples de cette technique « *savante et diabolique* ». Dans le film *Danton,* une coupe et un changement d'intertitre avaient suffi à bouleverser la signification d'une scène entre Danton et Robespierre. Dans le film allemand, Danton crachait au visage de Robespierre, et l'intertitre soulignait la haine de Robespierre pour Danton. Dans la version soviétique, le crachat devient larme, versée par Danton, obligé de sacrifier un ami. Cf. *Le Film, sa forme, son sens, op. cit.*

pour l'argent, il est toujours difficile de rallonger.) Et souvent, couper des plans auxquels on est attaché, parce qu'ils sont beaux ou intéressants, ou parce qu'ils ont été difficiles à tourner, mais ne s'intègrent pas au film, lui nuisent au lieu de lui « apporter ».

En français, on parle même de montage « *cut* ». Expression que le dictionnaire des néologismes officiels propose aujourd'hui de remplacer par « sec ». Deux plans se suivent *cut* lorsque l'image et le son sont coupés ensemble sans chevauchement de son, sans fondu ou surimpression à l'image, sans transition, sans liant. Impression de *cut* plutôt que *cut* réel le plus souvent, dans la mesure où le monteur fait chevaucher un mot, une syllabe ou la résonance d'un son sur le plan suivant, chevauchement qui sera dosé au mixage et non perçu comme tel.

Péjorativement, le montage *cut* est sec, en effet, brutal, voire hâché, martelé. On peut, au contraire, apprécier la qualité de netteté de ce montage (4). Par exemple dans les films de Jean-Luc Godard, dès *A bout de souffle*.

Netteté comparable à celle de la direction d'orchestre de Pierre Boulez, qui permet d'entendre tous les sons séparément et dans leur fusion, et même leur « confusion », comme Boulez l'explique à propos d'une pièce de Ligeti, dans une émission de télévision diffusée en août 1988. Grâce à une extrême précision de la mesure et du timbre, il fait entendre chaque note de chaque instrument, et la construction d'ensemble.

C'est tout à fait cela le montage : direction d'acteurs (on l'a mentionné) et direction d'orchestre. Les différents paramètres à prendre en compte étant toutefois, dans le cas du cinéma, plus aléatoires que dans la musique, les durées des plans — heureusement pour le monteur — étant rarement fixées sur le papier.

La comparaison semble d'autant plus justifiée entre Pierre Boulez et Jean-Luc Godard que celui-ci est le monteur de ses propres films depuis *Sauve qui peut (la vie)* (1979). Même lorsqu'il ne montait pas ses films lui-même, il était très présent au montage. Toujours là pour les coupes. Agnès Guillemot — qui a monté presque tous ses films du *Petit Soldat* (1960) à *Week-end* (1967) — dit qu'ensemble ils avaient un « tempo ». Lorsqu'il faisait le geste de couper, elle avait déjà arrêté la machine. Et la coupe faite, ils reprenaient

---

4. L'expression « coupe franche » désigne les coupes sans fondu ni enchaîné. On parle, d'autre part, de *jump cut,* qui produit une saute, lorsqu'on coupe à l'intérieur d'un plan, dont on raccorde deux parties.

trois raccords avant pour voir rythmiquement celui qu'ils venaient de faire. Lorsqu'il y avait de longues manipulations à exécuter, Jean-Luc Godard savait qu'il n'était pas nécessaire qu'il soit dans la salle, mais il n'était pas loin : au bistro d'en-bas.

Agnès Guillemot compare Jean-Luc Godard à un compositeur, et se voit elle-même dans le rôle de l'orchestrateur. « *C'était à l'orchestrateur de faire, il ne venait pas vérifier si j'avais mis la contrebasse.* » Aujourd'hui, alors qu'il monte complètement seul ses films, Jean-Luc Godard emploie également cette métaphore. Il dit aimer dans le début du montage cette impression de terminer l'écriture d'une symphonie et de commencer les répétitions.

Couper : les instruments

Avec quoi coupe-t-on au montage ?

Parfois avec ses dents... si on en croit Cristina Tullio Altan dans un film de Sylvie Pierre et Georges Ullman consacré à Glauber Rocha. Il est en effet arrivé à ce « sauvage » et grand monteur de Glauber Rocha, après avoir regardé la pellicule comme au temps du muet, d'en déchirer avec les dents un morceau qu'il désirait insérer dans son montage, et de le tendre à sa monteuse sidérée, elle qui en France et en Italie avait été élevée dans un « *respect maniacal* » (*sic*) de la pellicule. Elle avait travaillé, par exemple, avec Jacques Rivette, certainement aussi fou du montage, mais apparemment plus civilisé. Elle note le fait que Glauber Rocha était physiquement très proche de son film, très à l'aise au montage. Il savait ce qu'il voulait, même si le montage était différent du matériau de départ, lui-même différent du scénario.

Plus traditionnellement, jusqu'au début des années cinquante, on coupait la pellicule avec des ciseaux (5), et on recollait les morceaux avec de la colle (6). On superposait deux demi-images qu'on grattait et collait. A chaque collure, une image de film était perdue. Les monteurs ont un mauvais souvenir de cette époque. S'il y avait trop de colle, cela faisait de la pâte, s'il n'y en

5. Certains chefs coupaient très rapidement, les morceaux tombaient, les assistants ensuite rattrapaient les coups, les coupes, par terre. D'où le titre d'un livre de monteur : *The Face on the Cutting Room Floor*, de Ralph Rosenblum.

6. Les premières colleuses à la colle, de marque Bell Howell, datent de 1918 pour coller les négatifs, et de 1922 pour les positifs.

avait pas assez, cela se décollait. Difficile dans ces conditions de faire des essais de coupes. Si on recollait, on perdait le synchronisme, il fallait remplacer l'image manquante par une image de noir. Lorsqu'il y en avait beaucoup, on ne voyait plus le film, il fallait alors faire re-tirer les plans abîmés.

C'est le monteur de Fellini, Leo Cattozzo, qui a eu l'idée d'inventer les colleuses à scotch permettant de coller la pellicule bord à bord et de décoller très aisément la collure sans perdre d'image. Couper, coller, décoller, recoller, sans que cela se voie, fut une étape décisive du montage. On hésita moins à essayer. Devenu richissime grâce à cette invention qu'il a vendue dans le monde entier, Leo Cattozzo a arrêté le montage, et c'est ainsi que Ruggero Mastroianni est devenu le monteur de Fellini à partir de *Juliette des esprits* (1965).

L'élégance

Plaisir de couper, on n'est pas loin de la couture. Comparaison qui revient souvent à propos du montage. Dans les deux cas il s'agit de donner une forme à un matériau. D'ailleurs, ne parle-t-on pas de « montage » en couture ? Autrefois les ciseaux à la main, la pellicule autour du cou — comme le centimètre des couturières — pour ne pas qu'elle traîne par terre, le crayon gras avec lequel on fait les marques de coupe sur la pellicule à proximité... les monteuses avaient tout des « petites mains ». En France, en tout cas, c'est sans doute une des raisons du fort pourcentage de femmes dans ce métier, qui nécessite une certaine dextérité.

Le montage est également comparé à la haute couture ou à l'architecture. Il faut que le vêtement, que le bâtiment *tienne*. D'où les retouches des raccords, et *l'habillage* sonore.

Enfin, le montage c'est comme l'élégance (classique) ; on l'a dit, cela ne se remarque pas, cela ne se voit pas. Jean Rouch insiste sur cette « évidence ». Lui, compare le montage aux mathématiques. Lorsqu'un mathématicien trouve la solution d'un problème, on oublie toutes les autres. Lorsqu'un montage est bien fait, c'est tellement « évident » qu'il semble le seul possible. Autrement dit, les monteurs sont fatalement frustrés : lorsque leur travail est bon, il devient invisible, c'est la règle.

Jean Rouch aime beaucoup dans le montage les moments où il y a une difficulté, un raccord qui ne passe pas, sur lequel il est revenu maintes et maintes fois, et pour lequel il trouve finalement la solution « élégante ». Il organise une

Glauber Rocha.

Colleuse 35 millimètres.

projection avec le producteur. « Ça passe ». Jean Rouch pousse du coude son monteur, le producteur n'a rien vu et demande ce qu'il y a. Jean Rouch répond que c'est parfait comme cela. Et il conclut que c'est une histoire « horrible ». Pour l'Ego du monteur, pour la rationalité du travail. Cette élégance, on peut l'appeler la grâce. Comment la définir ?

Concret, Jean Rouch peut toutefois expliquer ce que ses différents monteurs ont apporté à chacun de ses films. Par exemple, dans *Bataille sur le grand fleuve* (1951) — dont il fallait couper la moitié des trois heures de *rushes* —, des pirogues partent sur le Niger, et pendant quatre mois suivent un hippopotame. Le Niger, comme tous les fleuves, a une rive droite et une rive gauche. Pour les chasseurs la différence est grande. A un moment du montage, la monteuse, Renée Lichtig, a fait remarquer à Jean Rouch que cette différence ne se voyait pas, et qu'il était donc possible de couper la traversée du fleuve et de raccorder des plans qui ne se déroulaient pas sur la même rive. Pour Jean Rouch, c'était une catastrophe, c'était mettre Notre-Dame à Montparnasse ! Il n'aurait jamais fait cette coupe de lui-même. Il « voyait » le courant partir de la droite vers la gauche dans un plan, et de la gauche vers la droite dans l'autre. Alors qu'on ne voyait rien.

Depuis ce temps-là, il croit à la nécessité d'un nouveau regard, de quelqu'un qui n'a pas connu le film au tournage, qui voit *ce qu'il y a sur la pellicule,* qui fait quelque chose de neuf avec les images. Sans doute est-ce là que se situe l'aspect créateur de ce travail.

Mais avant d'aller plus loin dans l'analyse de cette exécution « à quatre mains » selon Jean Rouch, ou de cette composition-orchestration selon Agnès Guillemot, poursuivons la description du travail, de son organisation.

4. La salle de montage

Pour filer la métaphore de la musique, toujours selon Jean Rouch, il y a des salles qui seraient des « pianos à queue », spacieuses et parfaitement agencées, dont certains monteurs disposent à vie. Est-ce que dans le système de production actuel, où les techniciens ne sont plus employés à l'année par un studio, un monteur doit avoir « sa » salle, son territoire ? Le rôle du monteur n'est-il pas de s'adapter aux films, aux gens, aux lieux ?

A Hollywood, les temps étaient durs pour les monteurs qui étaient souvent obligés de rester sur place vingt-quatre heures par jour, se faisant apporter à manger par le restaurant du studio, et dormant sur un lit de camp dans la salle-même. Margaret Booth, qui commença à travailler dans le montage en 1924, donne (1) la résistance physique comme une des qualités nécessaires à ce métier.

Aujourd'hui encore, les journées de travail au montage sont longues.

Pour Jean Rouch, comme pour Jean-Luc Godard, qui passent beaucoup de temps au montage, les salles doivent être grandes, et surtout comporter une ouverture sur l'extérieur, si possible un jardin… Comment, selon eux, des films peuvent-ils *respirer,* s'ils sont montés à la FEMIS, à Antégor, ou à la Celtec, par exemple, dans des pièces minuscules, sans fenêtre, et parfois en sous-sol ? Alain Bergala remarque que d'autres réalisateurs peuvent, au contraire, apprécier l'aspect *camera oscura* des salles aux rideaux noirs soigneusement fermés, cette perte de référence à l'espace extérieur.

Comment faire d'une salle de montage, lieu pour le moins étrange sinon déprimant — on y passe des journées dans le noir à regarder des images et à écouter des sons —, un lieu de travail agréable ?

Voyons celle imaginée par Jean Rouch. Il travaille souvent en 16 millimètres, toujours — à de rares exceptions près — en dehors des normes de la profession. Il a le goût des inventions techniques et des machines. Il a monté certains de ses films lui-même, mais préfère travailler avec quelqu'un, professionnel renommé ou marginal inconnu, son deuxième spectateur. Jean Rouch conçoit sa salle comme un atelier.

Atelier peut s'entendre au sens anglo-saxon de « *workshop* » — fabrique artisanale comme celle d'Andy Warhol dans les années soixante — au sens également d'école en peinture. Un lieu où on travaille avec son équipe. L'équipe-montage d'un film devrait pouvoir le montrer à d'autres, collègues et amis, les idées circuler d'un film à l'autre, d'un atelier à l'autre, d'autant qu'il existe — Jean Rouch l'a constaté — une « franc-maçonnerie » des monteurs, une solidarité des membres de cette corporation.

Nostalgie de Jean Rouch, lorsqu'il évoque la présence de François Truffaut à une projection de *Moi, un Noir,* sur lequel Pierre Braunberger lui demandait son avis, et où seule comptait pour lui, qui était en train de monter *Les Quatre cents coups*, l'illumination qu'il venait d'avoir grâce au film de Rouch de pouvoir supprimer les contre-champs de la psychologue dans son entretien avec Jean-Pierre Léaud.

1. Dans un texte de présentation du montage, paru dans un recueil traduit en français par Jean-George Auriol : *La Technique du film,* Éd. Payot, 1939.

L'Homme qui a vu l'homme qui a vu l'ours de André S. Labarthe.

Pourquoi ne pas l'avouer ? En filmant ces images, je ne cherchais pas seulement à désigner l'emplacement où s'articulaient, sous mes yeux, les éléments du film que j'étais en train de tourner (dans le but d'en tirer les effets de récurrence que l'on imagine) : il m'aurait suffi, pour cela, de montrer une véritable salle de montage — celle, par exemple, où se montait réellement le film.
J'avais besoin, aussi, que ces images fussent suffisamment fantasmagoriques pour communiquer l'idée d'un lieu sans repères, vaguement angoissant (une salle de montage est, avant tout, un lieu de perdition), et presque mythique (au sens où est mythique le décor du tribunal dans l'*Orphée* de Cocteau). Bref, d'un endroit qui serait un envers où pourraient être rassemblées et confrontées les trois forces qui travaillent ce moment spécifique qu'on appelle le montage.

1. Sur le mur du fond (photo n°1), voici d'abord la forme flottante, désincarnée, de Kovacs, le personnage central du film. Vidé de son sang, il n'est plus, à la lettre, que l'ombre de lui-même. Tout se passe désormais comme s'il ne se déplaçait

L'Homme qui a vu l'homme qui a vu l'ours

plus que sur l'envers du film, dans un décor aussi artificiel que celui que découvrirent les voyageurs de *Nosferatu* lorsqu'« *ils eurent passé le pont* » et que « *les fantômes vinrent à leur rencontre* » (ce que Murnau a matérialisé au moyen d'images négatives).

2. Assise à la table, la monteuse (photo n°2). Comme dans un film de Cocteau, elle se sert de ses gants blancs pour nous faire traverser la vitre neigeuse (photo n°1) au-delà de laquelle le film commence à vivre sa vie.

3. Sur l'écran de la table de montage, enfin, l'image du film où s'est déversé tout le sang (tout le sens) perdu par les personnages à l'instant où ils ont été saisis par la caméra (photo n°1).
Renversements, transfusions, montage : le cinéma sera vampirique ou ne sera pas. A rapprocher de la formule prophétique de Louis Lumière : « *Le cinéma est une invention sans avenir* ».

André S. Labarthe

Non loin de la salle, les monteurs ont besoin de disposer d'une salle de projection. Dans les studios, à Hollywood ou à Joinville, chaque salle de montage communiquait avec une salle de projection. Aujourd'hui les tables de montage ont fait des progrès techniques, l'on voit et entend mieux sur une steenbeck que sur une ancienne moritone — aussi la vision sur grand écran est-elle moins souvent nécessaire.

La table de montage, moviolas, moritones, steenbecks

C'est en 1924 qu'apparurent aux États-Unis les premières moviolas, inventées par un ingénieur hollandais du nom de Iwan Serrurier, qui voulait breveter un système de projection de films 35 millimètres. Un monteur s'étant intéressé à son système, pensant que son travail en serait facilité, Iwan Serrurier adapta sa moviola en vue de cet usage, et vendit cette moviola « Midget » à tous les studios.Terminés les allers-retours en projection, le monteur se faisait son petit cinéma grâce à une loupe entourée par des bords qui permettaient de concentrer le regard dans un cadre. L'image était nette, brillante, et défilait manuellement (comme la caméra au tournage). Dès l'arrivée du parlant, elle fut pourvue d'un double défileur image et son synchrones, et d'un moteur électrique.

Dans les années quarante, les moviolas furent remplacées dans certains pays, dont la France, par des moritones, dont l'écran en verre dépoli donnait une image plus grande mais plus grise. Il fallait faire le noir dans la salle. Sur certaines défilaient deux bandes-son. Image et son défilaient verticalement, entraînés par un manche que l'on tenait comme le levier de changement de vitesse des automobiles.

Les monteurs habitués à monter à la main n'utilisèrent pas tous la moviola. Les meilleurs arrivaient parfaitement à maintenir un rythme, d'autres ne s'en préoccupaient pas et, semble-t-il, peu de spectateurs voyaient la différence. William Hornbeck, lui aussi superviseur du montage dès les années vingt sur les comédies de Mack Sennett, se souvient dans le livre de Kevin Brownlow, *The Parade's Gone By* (2), n'avoir pas eu entière confiance dans la moviola, rudimentaire et bruyante, et avoir monté des deux façons : à la main et à la machine.

---

2. Editions University of California Press, Berkeley, Los Angeles, London, 1968.

Jacqueline Sadoul raconte qu'elle a vu arriver dans sa salle un beau jour de l'année 1953 ou 1954, Raymond Bernard avec une loupe pour commencer le montage d'un de ses films. Elle montra qu'il existait une machine, une moritone, et dit que la loupe était, à son avis, un peu archaïque. À l'époque, certaines monteuses âgées travaillaient encore à la loupe.

Aujourd'hui, c'est la moritone qui est archaïque, remplacée par des tables de marque Steenbeck, par exemple, sur lesquelles la pellicule s'enroule à plat, et dont l'écran — plus grand et plus lumineux — et les têtes de lecture du son s'avèrent de meilleure qualité.

Des monteurs sont définitivement attachés à la moritone, d'autres au contraire se sont saisis de cette question de matériel pour affirmer une identité plus moderne. Selon Jacques Comets, cela a pu être le symptôme d'un conflit de générations. Les aînés, favorables à la moritone, expliquent qu'ils tiennent à ce rapport à la machine et à la pellicule, que le défilement vertical — comme celui d'un projecteur — est plus cinématographique que l'horizontal. Bien sûr, il est important de se sentir à l'aise avec sa machine. Marche avant, marche arrière, comme en voiture.

L'inconvénient réel du défilement horizontal, c'est qu'il attire plus d'électricité statique, la pellicule ramasse donc plus de poussière. D'autre part, cette table est moins pratique pour faire les marques. Inconvénients minimes au regard des qualités. De plus, l'habitude est rapidement prise. Heureusement, car la marque CTM qui fabriquait les moritones n'en fabrique plus. Le principe de défilement vertical est en train de tomber en désuétude.

Les tables Steenbeck s'adaptent au 16 millimètres, mais pour ce format, en France, c'est la marque Atlas qui a équipé la télévision et sur laquelle on travaille le plus souvent. Extrêmement solide et commode pour couper — le monteur a la place de poser la colleuse —, l'atlas peut avoir plusieurs écrans (utiles pour les films tournés à plusieurs caméras), et plusieurs têtes de lecture du son — le plus souvent trois, bi-pistes. Le défilement est à vingt-quatre ou vingt-cinq images par seconde — vingt-cinq pour la télévision. On peut travailler en vitesse ralentie ou accélérée, en marche avant ou arrière ; et se servir d'une manivelle pour regarder avec attention de petites longueurs de pellicule — lors d'un raccord, par exemple. L'écran est moins lumineux et moins grand que celui de la steenbeck, l'image moins stable, les sons moins nets. Cette mauvaise qualité de l'écoute des sons au montage, certains ne s'en accommodent pas. Jean-Luc Godard, par exemple, exige, à peu de frais, d'ailleurs, une meilleure « sortie » de ses sons.

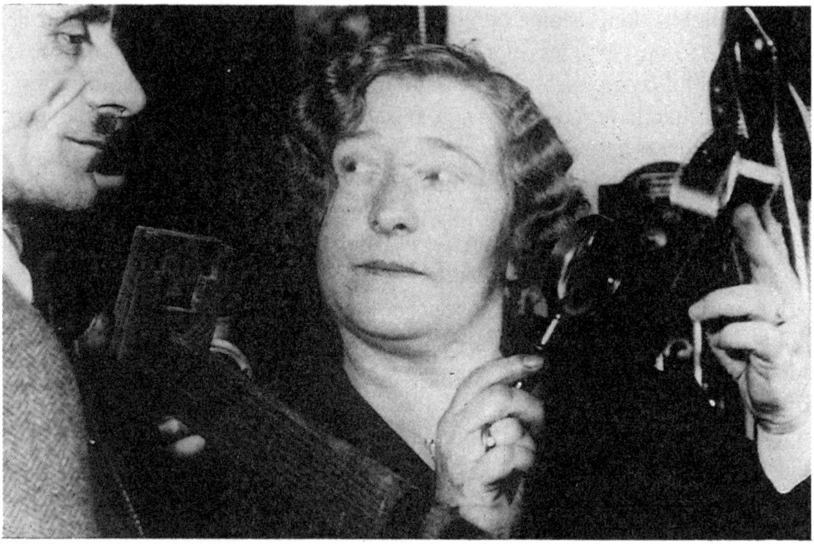

Femme à la loupe.

Homme à la moviola.

Le rangement

Un long métrage en 35 millimètres représente beaucoup de boîtes (une boîte contient trois cents mètres de pellicule, soit dix minutes de film) qui doivent être étiquetées avec précision, et que l'on range verticalement ou horizontalement sur des étagères.

Jean-Luc Godard les range horizontalement, et aime les regarder longuement. C'est pour lui le moment assez joyeux du début du montage. Avant de commencer le montage, il peut, au nombre de planches des étagères, avoir une idée de la longueur du film et même de son style. Il range les séquences par étagère, et se rend compte déjà du rythme qu'aura le film. Si une séquence se compose de quinze boîtes, elle occupe quatre rangées. Cela correspond à un rythme visuel.

Les « chutiers » ou « bacs » munis d'un montant en bois dans lequel sont plantées des épingles, servent depuis toujours à accrocher par leurs perforations les morceaux de pellicule que l'on enlève, ou « chutes ». Accrochage provisoire ; vient ensuite un travail important de classement, le plus souvent assuré par l'assistant, qui permet d'être en mesure de retrouver à tout moment des images ou des sons coupés des jours ou des semaines auparavant. On distingue le rangement des doubles et celui des chutes. L'ordre, dans une salle de montage, est absolument indispensable. Il est hors de question d'attendre que soient retrouvés une image ou un son qui n'ont pas été correctement rangés. Jacqueline Sadoul se souvient d'un monteur qui mettait toute la pellicule sur le chutier n'importe comment, et elle, alors assistante, restait le soir tard pour ranger. La pellicule n'était pas numérotée, c'était en regardant l'image qu'elle voyait à quel plan appartenait la chute. Les chutes, traditionnellement, sont roulées prise par prise en bobineaux tenus par des élastiques et identifiés par des cavaliers.

Un autre système de rangement consiste à monter les chutes en même temps que le film, dans l'ordre du montage. Cela permet de revoir les chutes à n'importe quel moment, et de retrouver les plans ou les morceaux de plans dont on a besoin. Maurice Pialat fait même remettre son film en *rushes* — montage, chutes et doubles — pour repartir d'un œil neuf, lorsqu'il n'est pas satisfait de son montage.

Jean-Luc Godard, pressé par le temps pour le montage de son film *King Lear,* avait décidé de jeter les chutes au fur et à mesure, afin de ne pas être tenté de revenir en arrière. Certains jours, ayant des regrets, il allait fouiller dans les sacs-poubelles... Exemple qui est l'exception de la règle selon laquelle, au contraire, on ne jette jamais rien au montage. Tant que le film n'a pas été diffusé, on peut avoir besoin de tel plan ou morceau de plan, et parfois même après.

Il arrive que des cinéastes comme Jean Rouch utilisent dans leurs films des séquences ou des plans tournés plusieurs années auparavant. Jean Rouch est d'ailleurs doublement conscient du problème du rangement des chutes, car la Cinémathèque française (dont il est le Président) se trouve en possession de boîtes de chutes inutilisables, tout le monde ayant oublié à quoi elles correspondent. Il a récemment été retrouvé par exemple des « trésors », comme les doubles de *L'Atalante* et la version couleurs de *Jour de fête*.

Les chutes de films occupent les caves des producteurs, qui les donnent ensuite aux cinémathèques ou aux écoles de cinéma, ou bien celles des laboratoires, qui au bout d'un nombre légal d'années les détruisent. La question des archives, de la mémoire, passe d'abord par un rangement sérieux. Il est fréquent, par exemple, qu'au dernier moment, on fasse « sauter » une séquence au montage. Celle-ci au moins devrait pouvoir être retrouvée, puisqu'elle est complètement montée. Or, dans la précipitation il n'a pas été mis d'indication valable sur l'amorce de départ, et elle ne sera pas plus identifiable que les autres.

La salle du montage-son

Selon Jean Rouch, il faudrait deux salles. Dans l'une se ferait le montage-image, dans l'autre le montage-son, très important pour ses films — autrefois tournés muets et sonorisés après le tournage, aujourd'hui en son direct, auquel il ajoute d'autres sons, qu'il enregistre et repique lui-même, lorsqu'il en ressent la nécessité au cours du montage. Peu satisfait par les « bruitages » professionnels réalisés en auditorium, il enregistre les bruits un par un, en extérieurs. Il aimerait constituer une sonothèque d'ambiances bien répertoriées : des vents, des oiseaux, etc. Une machine (un banc ?) de repiquage est ainsi nécessaire pour repiquer ces bruits, ambiances et musiques, à la vitesse désirée. Jean Rouch utilise beaucoup de vents et d'oiseaux ralentis, des éléments bizarres. Pies du jardin du Luxembourg passées à demi-vitesse deviennent oiseaux exotiques. Ce surréaliste, célèbre pour son « cinéma-vérité », pratique en fait un art du faux-semblant, ou « trompe-l'oreille ».

Nécessaire enfin une machine de mixage, dont il a la chance de disposer au Musée de l'Homme, pour effectuer à certains stades du montage des pré-

Chutier et planning de *Mona et moi* (Patrick Grandperret, 1989).

Atlas 16 millimetres, trois sons.

mixages ou des « faux mixages », afin de pouvoir projeter le montage en double-bande : image et son.

La machine à numéroter, la division du travail, l'apprentissage

Autre machine, et autre tâche de l'assistant-monteur traditionnel, le piétage ou numérotage — les numéros de bord de la pellicule image se suivent tous les pieds, c'est-à-dire toutes les seize images. Il s'agit de numéroter la pellicule-image et la pellicule-son déroulées synchrones, afin d'être en mesure tout au long du montage de toujours retrouver le synchronisme. Cela est utile pour les films traditionnels de fiction qui font plusieurs prises du même plan. Comment reconnaître, en effet, une chute d'une prise, d'une chute d'une autre prise presque identique ? Les partisans de cette méthode l'utilisent également dans des documentaires où la matière abonde et où il n'y a pas de rapports de scripte.

D'autres systèmes, moins astreignants, existent. Jean-Luc Godard ne fait plus numéroter sa pellicule depuis 1968. Il fait seulement un repère de synchronisme sur l'image et le son avant d'exécuter les manipulations, relativement complexes en 35 millimètres, de la coupe. Il est important, en effet, que les opérations matérielles ne ralentissent pas le cours de la pensée. Quant aux chutes, il est sans doute suffisamment méthodique pour retrouver celles dont il a besoin.

Signalons le *marquage en clair* de la pellicule tournée avec les caméras Aaton : grâce à un système à quartz, le temps s'inscrit sur les bandes image et son, chaque fragment de pellicule est ainsi identifié par la date, l'heure, le moment de sa prise. Ce marquage dit « en clair » se différencie du marquage en code pratiqué dans d'autres pays.

La division traditionnelle du travail, que connaît bien Jacques Comets, venu au montage par la voie des stages (3), donne selon lui la satisfaction de voir matériellement s'incarner le montage. L'apprentissage passe par une

---

3. Concrètement, en France, il existe deux voies d'accès au montage : l'École (jadis l'IDHEC, maintenant la FEMIS), et les stages. D'un côté, une entrée sur concours, de l'autre une entrée sur recommandation. Il faut en effet trouver au moins une première recommandation auprès d'un monteur pour qu'il accepte de vous prendre sous sa « coupe », de vous expliquer le travail. Ensuite, si vous avez fait le travail qu'on attendait de vous, et si vous vous êtes bien entendu avec les membres de l'équipe, on vous « reprendra » et on vous recommandera à d'autres. Les monteurs, en effet, reprennent souvent les assistants qu'ils ont formés, en qui ils ont confiance.

participation matérielle à un travail artisanal : travail du stagiaire de numéroter à la piéteuse, ou travail de l'assistant de couper la pellicule aux marques faites par le chef-monteur, ou de « *soigner le raccord son à la perfo* ».

Au risque d'apparaître « archaïque ou aristo », Jacques Comets pense qu'il faut se battre pour le maintien des formes traditionnelles de la division du travail, qui lui semblent formatrices. Selon lui, la salle de montage est un lieu de discussion, de réflexion collective, et les trois personnes impliquées dans le montage d'un film (chef, assistant, stagiaire), même si leurs gestes se divisent hiérarchiquement en gestes supérieurs et inférieurs, donnent leur avis sur telle construction, tel raccord, etc.

La sophistication de plus en plus poussée des machines supprimant la nécessité d'une assistance humaine, le montage risque peut-être à moyen terme, de ne se faire et de ne s'apprendre plus que seul, avec une machine. Mais n'est-ce pas comme cela que, de tout temps, des monteurs et des cinéastes ont appris le montage ? En voyant des films à la table.

Il est connu qu'Alain Resnais, monteur avant d'être cinéaste, visionnait des films de René Clément. Claudine Bouché, monteuse de François Truffaut, dit avoir appris le montage en visionnant avec lui des films d'Hitchcock. Renée Lichtig a vu des centaines de films à la Cinémathèque.

Monter des films, c'est savoir les regarder, les analyser. Apprendre à monter, forcément, c'est commencer à monter. En s'exerçant seul, parfois en cachette, sur des séquences non utilisées, le matin, avant que les autres membres de l'équipe n'arrivent. Le seul moyen d'apprendre, c'est de « toucher » à la pellicule, le reste est une préparation.

Encore une fois, « faire surgir sans y penser » les qualités nécessaires : sensibilité artistique, rigueur logique, précision musicale, mathématique ? Jean-Luc Godard, par exemple, pense que le montage c'est faire des équations. Il conseille également aux futurs monteurs d'étudier le grec et le latin. On pourrait, en effet, rapprocher le travail du montage et celui de la traduction. Cette transformation d'un matériau existant exige dans les deux cas intuition — sentir, deviner — et rigueur.

Jean Renoir et Renée Lichtig.

II. MONTAGE TERMINÉ, MONTAGE INTERMINABLE

1. Qu'est-ce qu'un « bon » montage ?

Au Festival de l'Image à Châlon-sur-Marne, en 1987, on a projeté des films sans le son pour mieux isoler l'image. Comment isoler le montage d'un film ? Que serait un festival du montage, sinon un festival de films à effets de montage ?

Lev Koulechov divisait le montage en deux : celui qui se voit, et celui qui ne se voit pas. Celui qui se voit — dans les films de Michel Deville, par exemple — étant d'ailleurs souvent pensé et préparé au tournage.

Comment spécifier, juger, le travail d'un montage ? Les Oscars ou Césars devraient, en fait, couronner des montages qui ont sauvé, rattrapé un film, mais comment le savoir, et est-il donc possible de faire quelque chose avec rien ou pas grand-chose ?

Pour juger d'un montage, il faudrait visionner les *rushes*, il faudrait aussi savoir quel était le vœu du réalisateur, et la marge de manœuvre du monteur. La question d'attribuer ou non la responsabilité d'un « mauvais » montage au monteur n'est pas tranchée. Et d'abord, qu'est-ce qu'un mauvais montage ? celui d'un film qui n'a pas marché commercialement ?

Quelles sont les qualités du monteur ? D'abord une souplesse, qui n'exclut pas la netteté, le mordant, le tranchant, l'autorité nécessaires par ailleurs dans l'exercice de son métier. Le monteur a un temps, des tâches matérielles, une équipe à organiser. Sa qualité principale consiste à avoir à chaque film

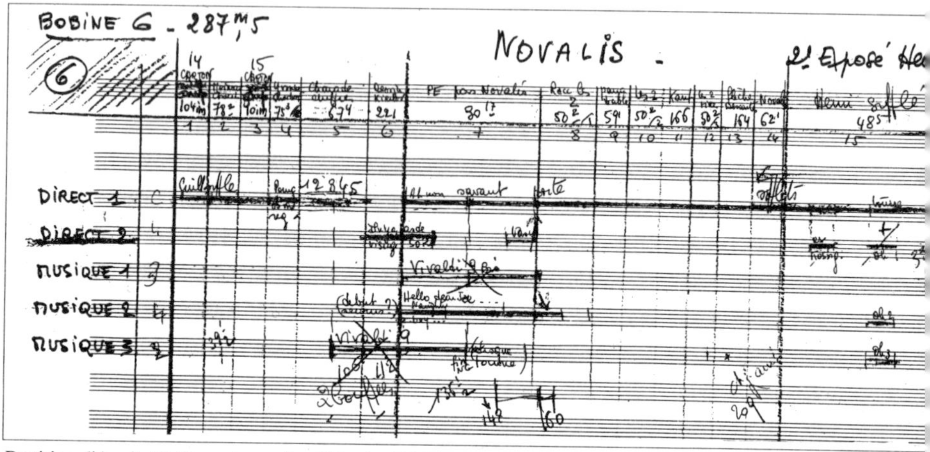

Partition d'Agnès Guillemot pour *La Chinoise* (1967).

l'intelligence de ce film et des gens avec lesquels il travaille. En aucun cas, il ne s'agit d'imprimer au film un style personnel.

Les conflits ne sont pas rares, mais ont un côté plus privé que lors d'un tournage. Jean-Marie Straub et Danièle Huillet disent « s'engueuler » pour le choix des prises, moment capital de leur montage, moment de déchirement. Comment arrivent-ils à décider ? Qui convainc qui ?

Savoir convaincre. Les « partitions »

Savoir convaincre est une qualité nécessaire au monteur : en douceur ou fermement, cela dépend des caractères.

Agnès Guillemot déclare ne dire jamais non. Elle commence par faire ce que désire le cinéaste, ensuite, si elle a une autre idée, elle lui en fait la proposition et effectue cet autre montage. Vient le moment où il faut se décider. On ne peut pas jusqu'à la fin du film et même après — cela arrive — remettre en question les décisions. Surtout lorsque l'on a déjà tenté vingt-cinq solutions. Quand elle est à peu près sûre qu'une séquence respire bien, avant de la détruire si le cinéaste n'est pas d'accord avec elle, elle en fait tirer une « copie contact ». Elle exécute alors les changements demandés, et si finalement il est décidé de revenir à sa version, elle n'est pas obligée de refaire tout le travail. Selon elle, une proposition qui se tient peut se prouver,

y compris à l'aide d'un schéma d'ensemble du film qu'elle écrit sur papier, et qu'elle appelle « partitions » ou « petits trains ». Il s'agit de feuilles qui ressemblent aux feuilles de mixage (1), mais préparées dès le début du montage, elles évoluent avec lui : c'est le montage sur papier du film, qui permet d'en sentir les rythmes, les répétitions.

Un film, selon Agnès Guillemot, est plus proche d'une musique — dont on peut exposer les thèmes et les variations — que d'une histoire qui s'adresse à l'intelligence, et pose des problèmes de compréhension. Autrefois écrite sur du papier à musique, cette partition avec laquelle Agnès Guillemot dialogue, est maintenant écrite sur du papier pour comptabilité, dont les traits verticaux lui permettent d'inscrire les plans. La lecture est horizontale, et cela l'étonne toujours que d'autres disposent leurs feuilles de mixage verticalement.

La lecture de la partition des sons directs impose, par exemple, la nécessité de tel son à tel moment. La partition est également utile pour les questions de construction et peut signaler qu'une séquence de dix minutes intercalée entre des séquences de trois minutes, pose problème. La partition est différente selon les étapes du montage, et bien sûr selon les films. A certains moments,

1. Le mixage est le mélange ou dosage des différents sons du film, paroles, bruits, ambiances, musiques, et leur enregistrement sur une seule bande. Les feuilles de mixage récapitulent sur papier chaque bande, inscrivent l'entrée et la sortie de chaque son, et parfois ses particularités — niveau à baisser, par exemple. Elles sont écrites à la fin du montage, après les dernières rectifications.

ce sont les dialogues qui sont répertoriés, avec les passages qui vont être doublés. A d'autres, ce sont les personnages, s'ils sont nombreux, pour savoir quand ils reviennent, ou les musiques... Parfois cela permet de s'apercevoir qu'on a placé toutes les musiques au début, ou bien qu'un personnage a disparu pendant trois bobines, ou encore qu'une scène montée de façon elliptique entre en résonance quatre bobines plus loin et qu'il faut donc que l'on s'en souvienne... C'est une espèce de « *soumission à ce qu'il y a* ».

Agnès Guillemot ne rédige pas ces partitions dans la salle, mais chez elle, en écoutant de la musique ou en parlant avec sa famille... Ces feuilles servent également de mémoire. Lorsque l'on désire revenir à une version ancienne du montage d'une séquence, elle peut montrer que cette solution a déjà été essayée. Cela évite des retours en arrière inutiles.

Agnès Guillemot fait partie des monteurs qui essayent de nombreuses solutions. Selon Yann Dedet, qui a été son assistant sur quatre films de François Truffaut : « *Dans le montage, on sait que sur cent possibilités, il y en a quarante-six qui vont être complètement nulles, une trentaine qui peuvent être intéressantes, [...] dix-huit auxquelles il faudra réfléchir, et deux qui seront la meilleure et la bonne. Agnès Guillemot en essaye quatre-vingt. Elle cherche vraiment. Elle remonte trois fois la même prise, essaye de trouver des coupes au milieu des plans, travaille le film au corps.* »

Par exemple, sur le film d'Alfredo Arias, *Fuegos*, qu'elle aime beaucoup, le début avait été difficile à mettre au point. À un moment, tout le monde a dit : « *Ça va* ». Agnès Guillemot trouvait que cela n'allait pas encore, elle a demandé au réalisateur et à la productrice un peu de temps pour continuer à chercher. Et elle a trouvé la vraie solution. Pas la sienne, la vraie solution du montage. Il y avait une information nécessaire à donner par rapport à l'ensemble du film, mais qui n'était pas portée visuellement dans le plan synchrone. Elle l'a donc mise en « fausse synchro » sur un autre plan. Il lui semble, en effet, indéfendable de garder un plan qui sonne faux pour la seule raison qu'il contient une information nécessaire.

Yann Dedet, s'il n'a, selon Agnès Guillemot, pas tellement retenu ses « leçons », excepté celle de la liberté, aime faire « pivoter » les films, changer les « cubes » de place. Il pense même que, paradoxalement, si le film est pivotable au montage, c'est que le scénario était bon. De même que le tournage, le montage doit transformer le film. Il aime les films où au montage il faut recommencer à *écrire*.

Jean-Luc Godard, lui, dit qu'il commence à écrire son scénario au montage.

Préserver le choc des rushes

Il convient, en fait, de préserver le choc qu'on a eu en voyant les *rushes*, un peu comme l'impression que nous fait une personne que l'on voit pour la première fois, sans préjugés.

La première impression est souvent la bonne, et après avoir essayé différents montages, on revient souvent au premier. Maurice Pialat, depuis *Police*, fait « vidéoter » les projections de ses montages. Il avait toujours des regrets. Dans *Sous le soleil de Satan*, il y a eu onze versions de la scène Mouchette-Denissan, et c'est la deuxième qui a été retenue, en remplaçant une prise par une autre, tirée à deux semaines du mixage.

La première impression des *rushes* est la bonne, c'est pourquoi il ne faut pas hésiter à être critique, voire « salaud », comme le dit Yann Dedet, avec les *rushes*, tout de suite. Plus on attend, moins on arrive ensuite à y voir clair.

Sur les films de Maurice Pialat, la solution consiste souvent à revenir au premier montage — tout le film ayant été remis en *rushes*. Parfois, à mélanger deux montages différents, l'un qui plaît au réalisateur, et l'autre qui a été refait pour le monteur, ou *vice versa*. Il est très difficile de mélanger deux montages — le deuxième ayant été fait sans aucun des éléments du premier, raison pour laquelle il faudra mélanger les deux. Dans *Sous le soleil de Satan*, pour la scène de l'autel où Gérard Depardieu porte Sandrine Bonnaire, il y a eu mélange des scènes filmées de près et des scènes filmées de plus loin.

Certains monteurs, — certains réalisateurs — travaillent particulièrement vite, et reviennent peu sur leurs choix.

Jacqueline Sadoul, par exemple, calquait ses horaires sur ceux du tournage des films qu'elle commençait parallèlement à monter au studio, non loin des plateaux. Midi/dix-neuf heures trente, heure de la projection, avec l'équipe du tournage, des *rushes* de ce qui avait été filmé la veille. Le matin à onze heures, elle revoyait ces *rushes* en compagnie du seul metteur en scène, qui choisissait les prises. Si elle avait monté une séquence dont le tournage était terminé, elle la lui montrait à cette occasion. Ensuite, le metteur en scène qui était auparavant passé sur le plateau voir le travail de préparation des opérateurs, déjeunait, puis allait tourner. Jacqueline Sadoul, pendant ce temps, montait ce qu'elle avait vu en projection. Selon elle, en effet, on voit beaucoup mieux que sur la table : un regard, un mouvement, un frémissement qui l'avait touchée — même si cela peut paraître dérisoire. Selon elle encore, le montage est une question de sensibilité et si on donne des *rushes* à cent monteurs différents, il y aura cent montages différents.

C'est la raison pour laquelle elle ne voit pas comment on peut enseigner le montage : pourquoi couper là et pas ailleurs, pourquoi insister sur un regard, etc. Bref, elle montait en fonction de ce qu'elle avait vu, ne revenait pas sur ses choix, et comme le travail avançait vite, elle avait du temps pour aller voir le tournage. Elle aimait voir le tournage des films qu'elle montait, particulièrement ceux des films de Jean Cocteau — elle a monté *Les Parents terribles* et *Orphée*, ainsi que les sons de *La Villa Santo Sospir* —, observer la fabrication des transparences, les traversées du miroir. Pour elle, cela faisait partie de son travail.

En janvier 1960, dans une enquête sur « l'actualité du montage », des monteuses, Marguerite Renoir, Suzanne de Troye, et Marinette Cadix regrettaient l'époque où les équipes de prise de vues étaient moins définies, et le monteur présent au tournage. Elles constataient que le monteur arrive souvent trop tard, lorsqu'il n'est plus question, sauf pour des films à très gros budgets, de re-tourner des plans. Elles appréciaient, au contraire, que des réalisateurs comme Marc Allégret les associent au film dès le scénario, par exemple en leur demandant d'en faire le minutage.

C'est d'ailleurs un problème difficile à résoudre au montage que celui de raccourcir un film qui a été pensé trop long au stade du scénario. Et les monteurs sont souvent bien placés pour savoir en lisant le scénario ce que durera un film.

Faire voir

Pour avancer dans la question « *qu'est-ce qu'un* bon *montage ?* », on pourrait dire que la force d'un montage n'est pas de se faire voir, mais de faire voir, et citer Joseph Conrad : « *Le but que je m'efforce d'atteindre est, avec le seul pouvoir des mots écrits, de vous faire entendre, de vous faire sentir, et avant tout, de vous faire voir. Cela et rien d'autre, et voilà tout* » (2).

Selon Jean-Marie Straub (3), le travail du cinéaste consiste à faire exister des choses, des gens, des lieux. Faire exister par un cadrage visuel et sonore,

---

2. « *... obliger des hommes [...] à contempler un moment autour d'eux une vision de formes, de couleurs, de lumière et d'ombre ; les faire s'arrêter, l'espace d'un regard, d'un soupir, d'un sourire, tel est le but, difficile et fuyant, et qu'il n'est donné qu'à bien peu d'entre nous d'atteindre* », préface au *Nègre du Narcisse*, écrite et publiée en 1897.
3. Propos tenus à la FEMIS en 1988.

par un montage à un photogramme près, à un vingt-quatrième de seconde près. Il convient alors de distinguer la coupe et le montage. Couper au moment juste, par rapport à l'avant et l'après du montage, dans une durée. Un exemple pris par Jean-Marie Straub est celui de la longueur d'un regard dans un film de Fritz Lang, regard coupé pour passer à ce qui est regardé. Raccord classique s'il en est. Tant de photogrammes et pas un de plus, sauf effet, sauf à s'attarder sur le regard.

De même, couper une sortie de champ, cela peut se calculer, cela peut s'apprendre. Jacqueline Sadoul se souvient d'un raccord des *Parents terribles* qu'elle avait « raté ». Raymond Leboursier, monteur en titre du film, lui a montré qu'il fallait enlever cinq ou six images d'un côté. Cela fait partie des rares éléments dont elle pense qu'ils s'apprennent.

Que le cinéma, au même titre que les autres arts, ait pour fonction de faire exister le monde, André S. Labarthe le pense aussi : « *Sur une vie de soixante ou quatre-vingts ans, on a sans doute le sentiment d'exister et que les choses existent pendant une demi-heure en tout, par fragments de secondes ou de minutes. Le rôle de l'art serait alors d'aider à percevoir ces moments et à faire sentir la vie comme existence. Soit l'exemple d'un verre. Filmer un verre pour le faire exister. L'éclairer seulement n'a pas vraiment d'intérêt, il faut qu'il lui arrive quelque chose à ce verre, peut-être qu'un personnage le prenne, qu'il lui échappe des mains... sa disparition donnerait paradoxalement le sentiment de son existence. [...] Il ne suffit pas que quelque chose soit capté par la caméra, il faut qu'il y ait fiction. Et le montage, à sa façon, travaille dans ce sens-là. Monter, c'est regarder, et dire "ça va, je garde".* »

Monter, c'est choisir, décider de prendre, de garder, attraper ce qui est là, le faire exister dans l'avant et l'après, dans l'ensemble. Le choix, c'est le plus souvent de garder ce qui est bon. Parfois, c'est de garder des plans « mauvais ». Ce choix du montage existe sur chaque film de façon décisive. Même dans des films où il y a peu de manipulations, où l'ordre est pratiquement donné dès le début du montage et où les plans fonctionnent comme des blocs intangibles. Il y a, en effet, toujours le choix des prises — souvent douloureux. Revenons-y, c'est le début du travail.

Aucune connaissance n'est demandée au monteur, mais une sensibilité au matériau, le plus souvent aux acteurs. François Truffaut, par exemple, préférait toujours une prise bonne pour l'acteur à une prise bonne pour le cadre, lorsque le choix se posait en ces termes.

Quant à Maurice Pialat, selon son monteur et acteur, Yann Dedet, c'est tellement la justesse de ton qui prime sur le plateau parmi les exigences de ce cinéaste, qu'au montage, sur vingt-cinq prises, il a le choix entre une bonne dizaine, et parmi celles-ci il est facile de choisir celle qui a le meilleur cadre.

2. *Le montage suit le tournage et ne lui ressemble pas*

Le plus souvent, le montage suit immédiatement le tournage. Seuls des cinéastes travaillant en dehors des normes du système qui régit la production et la distribution des films peuvent se permettre un temps d'arrêt ou de réflexion.

On peut citer l'exemple d'*Ici et ailleurs* de Jean-Luc Godard, tourné en 1970, interrompu, et monté en 1974, et noter au passage que Godard, comme le dit Fritz Lang dans *Le Mépris*, aime terminer ce qu'il a commencé. Jean Rouch ou Orson Welles ont eu parfois plusieurs films en chantier, dont certains, dans le cas de Welles, sont définitivement inachevés.

Mais si le montage suit le tournage, il ne lui ressemble pas, et souvent, pour parler de l'un, les cinéastes l'opposent à l'autre. Certains adorent tourner et n'aiment pas le montage. Robert Kramer (1), par exemple, a horreur de cette phase de « génocide » et redoute que le monteur et/ou le producteur y prennent le contrôle de son film. Claude Chabrol a dit un jour que le montage était la vaisselle du repas que serait le tournage, préparé par la cuisine du scénario ! Mais il y a ceux qui apprécient de pouvoir au montage se réapproprier le film, qui leur a plus ou moins échappé au tournage (équipe nombreuse, division du travail, tournage rarement dans l'ordre du film, morcellement des prises). Ils peuvent le voir sans intermédiaire, alors qu'il est rare qu'ils aient eu eux-mêmes l'œil à la caméra.

Beaucoup de cinéastes se sentent enfin en sécurité. Même s'il y a une déception, une insatisfaction, par rapport au projet initial, on sait ce qu'on a, et où on va. On est dans un lieu protégé, à l'abri, et on a le temps — même si ce temps est souvent trop court.

1. Né à New York en 1940, Robert Kramer fut dans les années soixante l'un des cinéastes les plus actifs de l'extrême-gauche américaine, et l'un des fondateurs du groupe « The Newsreel ». Après avoir réalisé des films comme *In the Country* (1967), *The Edge* (1967), *Ice* (1968), *Milestones* (1976), il vient s'établir en Europe où il tourne, entre autres, *Guns* (1980), *A toute allure* (1982), *Notre Nazi* (1984) et *Diesel* (1985), avant de repartir aux Etat-Unis filmer *Route One USA* (1989).

L'utile et l'agréable

Au tournage, le cinéaste doit dominer toute une série d'enjeux matériels qui n'existent pas au montage, ainsi qu'une très grande violence des émotions qui a fait comparer par Samuel Fuller dans *Pierrot le fou* un tournage à un champ de bataille. Ou, selon Jean-Luc Godard, « *un match qui dure longtemps. Trop de femmes, trop d'argent, trop d'histoires, trop de lois, trop de règles, trop de calculs, trop d'oublis. Trop de choses en jeu pour que cela se passe agréablement. Et c'est ce qui est merveilleux et qu'aiment les gens* ». Mais il ne cache pas sa préférence pour le montage, « *moment le plus agréable* ». Le montage est une période de calme, de réflexion, de solitude, d'enfermement, de silence, où les décisions peuvent se différer, mûrir. A chacun de trouver — avec ses collaborateurs — son rythme, de prendre son temps.

On dit que Martin Scorsese s'enferme littéralement dans sa salle de montage, qu'il est invisible pendant ces semaines de travail où plus rien d'autre n'existe. Semaines qui peuvent atteindre un an de montage et deux mois de mixage pour *Raging Bull*.

Frederik Wiseman, grand documentariste américain, monte lui-même ses films. Il dit du montage que c'est comme s'il était attaché pendant six mois à un siège d'avion. Au tournage, il pense qu'il rattrapera au montage, moment plus rationnel, plus équilibré, ses sautes d'humeur, entre enthousiasme et dépression. En fait, il s'aperçoit qu'au montage aussi il doit être vigilant par rapport à ces alternances d'humeurs, qui, curieusement, se transmettent au matériau. D'où cette astreinte.

Ce sur-place, cet enfermement, certains les supportent mieux que d'autres, les concilient avec leur vie, voire n'y prêtent pas attention. André S. Labarthe, paradoxalement, ne peut plus travailler lorsque la nuit est tombée...

On peut trouver routiniers les horaires du montage, par opposition à l'aventure, aux voyages, à la vie hors du réel du tournage, même si les contraintes du tournage sont plus proches de celles de la vie (argent, personnes en présence). On peut être agacé par un aspect — sans doute aujourd'hui plus légendaire que réel — « popote » de certaines monteuses — apportant pantoufles et déjeuner dans « leur » salle. D'autres, au contraire se sentent rassurés par un côté maternel, revendiqué parfois (2). Le monteur étant le technicien qui passe le plus de temps sur un film, il lui serait le plus attaché — on retrouve Wiseman — physiquement, un peu comme une mère à son enfant...

---

2. Cf. autrefois *L'Actualité du montage*, 1960, *op. cit.*

Il serait aussi quelquefois une mère pour le réalisateur, surtout lorsque la différence d'âge joue dans ce sens. On pourrait d'ailleurs, indépendamment de la division homme/femme, qui est importante, trouver deux catégories de monteurs séparées par l'âge. Un « jeune » cinéaste qui débute a le choix entre prendre un monteur qui, comme lui, débute et souvent a son âge — par exemple, Bernardo Bertolucci monte avec Roberto Perpignani de *Prima della rivoluzione* (1964) à *La Stratégie de l'araignée* (1970) (3), ou au contraire, prendre un monteur confirmé.

Ensuite, il y aurait les fidèles, et les autres. Il y a, en effet, des tandems ou des couples cinéastes/monteurs, des gens qui travaillent bien ensemble. Arrive un moment où on a envie « d'aller voir ailleurs ». Et puis il y a ceux qui au contraire — des deux côtés — aiment le changement, la circulation des personnes. Un monteur qui a travaillé avec X apportera tel élément à Y, qui lui en apportera d'autres.

Un article d'André Bazin (4) très élogieux pour une monteuse — Myriam — m'avait donné envie d'en savoir plus sur cette femme uniquement prénommée, avec laquelle Pierre Braunberger a travaillé sur deux films de montage — *Paris 1900* et *La Course de taureaux*. Pierre Braunberger dit admirer son intelligence : « *Une extraordinaire femme d'exécution et de pensée* ». Mais s'il la juge plus polyvalente que ses contemporaines, il constate que sa « *clientèle* », même plus large que celles des autres, était limitée. Elle avait, comme les autres, ce côté très « *féminin* » de retrouver dans le montage l'esprit souhaité par le cinéaste, et de savoir, par exemple, être « *femelle* » avec « *le Maître* » — Sacha Guitry, dont elle a monté les films de la fin des années trente, aussi fidèlement que Raymond Lamy ceux du début des années cinquante (Raymond Lamy montera ensuite plusieurs films de Robert Bresson). Selon Pierre Braunberger, Myriam n'aurait jamais osé faire ce que Denise Tual a fait à Jean Renoir, c'est-à-dire changer un peu le montage de *La Chienne*, initiative qui lui valut d'être mise à la porte par un Renoir fou de rage. Myriam était la « *servante* » d'un metteur en scène, totalement loyale dans l'esprit comme dans la forme. Quant à Renoir (5), il a pris Marguerite

---

3. Notons qu'ensuite il collaborera pour quatre films avec Franco Arcalli devenu son co-scénariste, puis pour trois avec Gabriella Cristiani.

4. « Mort tous les après-midi », repris dans André Bazin, *Le Cinéma français de la Libération à la Nouvelle Vague*, Éd. Cahiers du cinéma, 1983.

5. Selon Pierre Braunberger qui a été son producteur, Jean Renoir n'a jamais laissé passer un plan qu'il n'ait monté à une image près, même s'il ne touchait pas la pellicule, et il avait horreur du montage rapide à la Abel Gance… Selon Bernard Eisenschitz, Jean Renoir après son séjour

Myriam et son « état-major », présentée par Sacha Guitry dans le générique du *Roman d'un tricheur* (1936).

Houllé, devenue ensuite Marguerite Renoir, pour terminer *La Chienne,* et pour monter ses autres films.

« *Un metteur en scène prend tout le temps la même monteuse, c'est évident.* » Elle devient sa « *cliente* ». La plupart des grandes monteuses de cette époque l'ont été de quelques metteurs en scène seulement. Marguerite Renoir, après une longue collaboration avec Jean Renoir et avec Jacques Becker, a dit à la mort de ce dernier (1960) : « *Je vais prendre ma retraite, je n'ai plus de client.* » Ambiguïté du mot *client*, qui se dit dans les deux sens. Il est vrai que cette collaboration à deux doit être choisie et acceptée de part et d'autre. Marguerite Renoir, lorsque les quatre ou cinq cinéastes avec lesquels elle travaillait ont disparu, n'a pas eu envie de recommencer avec une nouvelle génération.

Parmi les monteurs expérimentés, il y a ceux qui ne veulent plus travailler avec des cinéastes débutants, parce qu'ils jugent fatigant de devoir tout leur expliquer, et ceux qui le veulent bien, trouvant cela parfois stimulant.

Le choix des monteurs — lorsqu'ils ont ce choix, c'est-à-dire lorsqu'ils sont eux-mêmes choisis — se pose souvent plus par rapport à la personne avec qui ils vont passer six mois (rencontres préliminaires, montage proprement dit et finitions) que par rapport au film sur lequel ils vont travailler.

Masculin/féminin

La question vaut que l'on s'y arrête, même si elle est moins brûlante qu'elle ne l'a été pour les hommes-monteurs qui, parfois, dans un juste retour des choses, tel Jacques Comets, travaillent — est-ce un hasard ? — avec des femmes réalisatrices, plus nombreuses aujourd'hui qu'il y a encore dix ans. En fait, de plus en plus nombreuses. On compte, par exemple, plus de candidates que de candidats, et plus de reçues à la section réalisation du concours de la FEMIS.

Cependant, Jean-Luc Godard a pu récemment et publiquement opposer le tournage masculin au montage féminin, et donner sa préférence au montage. Il n'a lui-même monté ses films qu'avec des femmes — à une exception près, semble-t-il, pour *One plus one*. Mettre en scène, selon lui, est un travail

---

aux États-Unis avait adopté la méthode américaine du travail en projection, et n'a pas beaucoup fréquenté la salle où Renée Lichtig montait *Le Testament du Docteur Cordelier* (1959) et *Le Caporal épinglé* (1961).

En projection : Jacques Becker, Jean Renoir et Pierre Braunberger.

assez masculin, donner des ordres, se comporter en chef, et pourquoi n'y a-t-il pas eu de chefs indiennes ? La plupart des règles ont été inventées par des hommes blancs, le cinéma ne fait pas exception. Les femmes qui veulent être des réalisatrices peuvent-elles échapper aux règles masculines ?

En revanche, le montage et la production seraient du côté féminin. Sans doute à cause d'un certain sens de l'organisation à la fois matérielle et cérébrale. Jacqueline Sadoul trouve qu'en dix ans elle avait un peu fait le tour du montage, et cela lui aurait plu d'être directrice de production. Il est vrai qu'à l'époque, il n'était guère envisageable pour une femme d'être réalisatrice.

Selon Yann Dedet, qui se refuse à avoir des idées sur la question, pour Eric Rohmer, avec qui il a eu l'occasion de monter quelques images, le métier de monteur est féminin, sans dérogation possible. François Truffaut, dont il a monté plusieurs films, et qui avait jusqu'alors lui aussi envisagé le montage comme un métier féminin, avait fini par se dire qu'on pouvait trouver cette qualité féminine (de sensibilité ?) chez un homme.

« *On me demande souvent comment j'ai pénétré au studio par une branche qui est généralement réservée aux hommes. Il est exact en effet que ce travail est physiquement très dur et exige des connaissances techniques et une aptitude que peu de femmes semblent avoir. Je réponds généralement que le cinéma (je ne parle pas de l'interprétation) est tellement l'affaire des hommes que quand ceux-ci peuvent tenir compte d'un point de vue féminin, ils s'en montrent particulièrement enchantés. J'ai souvent remarqué qu'à expérience et capacités égales un metteur en scène préférait avoir ma collaboration plutôt que celle d'un homme, et cela parce que, lorsqu'il y a une décision difficile ou plus qu'embarrassante à prendre à propos d'une scène d'émotion ou d'un détail psychologique, il peut se tourner vers moi et me demander* : “Qu'en pensez-vous ? Quel est votre sentiment à vous en tant que femme ?” *[...] Afin de ne pas laisser croire qu'en de semblables situations, il y a beaucoup à faire pour les « conseillers féminins », je m'empresse de préciser que ce que l'on recherche c'est le point de vue d'une femme connaissant bien le métier, qui ne sera pas seulement capable d'avancer une idée, mais d'aider à la mettre à exécution* » (6).

Margaret Booth se défend ici des conseillers féminins. Il est vrai que tout le monde peut s'imaginer monteur. Si monter c'est voir, tout le monde ayant des yeux pour voir… Un producteur, par exemple, s'il est en désaccord avec

6. Margaret Booth, *op. cit.*

votre montage, ne se gênera pas pour vous dire qu'il peut faire ou faire faire le travail à votre place. Pourquoi prendre des gants lorsqu'il ne s'agit que de raccourcir ou d'inverser des plans ?

Comment définir les qualités qui font les « bons » monteurs ou monteuses, meilleurs que les autres ? On dispose de peu d'éléments d'enquête sur les monteurs-monteuses : quelques noms, quelques filmographies, et quelques entretiens ont été rassemblés, d'une part par *Film Comment* en mars-avril 1977 dans un dossier intitulé « Prime Cut ». D'autre part, par *Cinématographe* dans un numéro spécial « Les Monteurs », paru en 1985.

Le dossier américain recense les « principaux » monteurs français, anglais, et américains, plus de femmes en France (Claudine Bouché, Denise de Casabianca, Cécile Decugis, Renée Lichtig, Martine Kalfon, Agnès Guillemot, Anne-Marie Cotret / Henri Colpi, Raymond Lamy et Henri Lanoë) et plus d'hommes anglo-saxons.

Aux États-Unis, le « point du vue féminin » au montage a longtemps manqué. Parmi les dix meilleurs monteurs choisis par cent autres : deux femmes seulement, Margaret Booth et Dede Allen, qui a monté *L'Arnaqueur*, *America, America*, ainsi que des films de Sidney Lumet et d'Arthur Penn.

Les monteurs avaient à Hollywood un rôle très important, et sont souvent « passés à la réalisation ». Citons les exemples connus de Robert Wise, Robert Parrish, Mark Robson, plus récemment Hal Ashby, etc. On relève également dans les filmographies d'un très fort pourcentage de monteurs américains moins célèbres, des réalisations, notamment pour la TV. Ces monteurs étaient supervisés par des « monteurs superviseurs », qui souvent étaient des femmes, en qui les studios (7) avaient toute confiance.

Pourquoi des femmes à ce poste stratégique ? Parce qu'elles intériorisaient mieux la loi du studio ? Parce que, ayant réussi à être monteuses — ce qui n'était pas facile — elles réussissaient particulièrement ? Parce que le cinéma étant fait par les hommes mais vu surtout par les femmes — on dit en effet que ce sont les spectatrices qui ont fait le succès des films, à une époque où ils étaient plus psychologiques que maintenant —, ce « point de vue féminin » était vraiment important ?

Le dossier français, quant à lui, est composé d'entretiens avec Marie-Josèphe Yoyotte, Noëlle Boisson, Agnès Guillemot, Cécile Decugis, et Jean Ravel, Henri Colpi, Albert Jurgenson, Henri Lanoë, et Hugues Darmois.

---

7. A la Fox, il semble que Darryl Zanuck était souvent en projection pour décider des rectifications, et Howard Hughes, patron de la RKO, avait la passion du montage.

C'est à dessein que je cite des noms — on peut discuter leur représentativité, il est difficile de choisir « scientifiquement » les techniciens que l'on privilégie dans une enquête. (On pourrait d'ailleurs évoquer la part de hasard qui intervient dans la constitution des « familles » du cinéma, et d'engrenage à partir du premier déclic d'une « carrière ».) Ne serait-il pas temps de connaître les monteurs et leur travail, sans pour autant les sortir de l'ombre qui les accompagne, comme la lumière enveloppe l'équipe du tournage ? Comment savoir dans cette collaboration du cinéaste et du monteur, la part de l'un et celle de l'autre ?

Première constatation aujourd'hui en France : les cinéastes qui aiment le travail du montage, s'ils ne sont pas nombreux dans ce que l'on appelle « la profession » — la majorité des films qui se tournent et se montent selon les normes de la division du travail — sont des auteurs prestigieux : Rouch, Resnais, Rivette, Godard, etc., et même Rohmer, dont les films se font plutôt au stade du scénario. Même lui ne veut pas qu'une image de ses films soit coupée sans qu'il soit présent, et attache une grande importance à la précision des coupes, et au montage des différents éléments sonores.

La notion d'auteur, inventée par les critiques-cinéastes de la Nouvelle Vague, est intrinsèquement liée à la revendication du droit du réalisateur au montage de son film. Un auteur pense son film du début à la fin de son processus.

Que cette révolution se soit accompagnée d'un moindre rôle des collaborateurs, et d'un certain sexisme de l'auteur-démiurge, c'est l'avis de Jacques Comets : « *C'était le maître de maison, avec la femme esclave ménagère. Le montage devenait l'organisation de la pensée du maître.* »

A l'époque (fin des années soixante) où lui-même fait ses stages, les autres stagiaires et assistants sont toutes des filles, souvent des « *petites-bourgeoises à qui on ne demandait pas grand-chose sinon d'être belles et sympathiques, et qui étaient là en attendant de trouver un mari, un peu comme des infirmières espèrent épouser un médecin* ». Lui-même, sans en être entièrement conscient, cultivait un personnage de « *stagiaire-intello-de-gauche* », et arrivait dans la salle avec des bouquins. Cela le « *valorisait* ». Il n'a travaillé qu'avec des chefs-monteurs hommes, personnages extrêmement écoutés, comme Albert Jurgenson, Armand Pseny, ou Pierre Gillette, qui font partie de la génération de l'après-guerre formée dans les laboratoires. Selon Jacques Comets, si dans les couloirs des salles de montage de Billancourt, on rencontre quatre-vingt pour cent de femmes, le star-système a privilégié les hommes. Voilà en tout cas une explication d'un phénomène inverse de celui constaté à Hollywood.

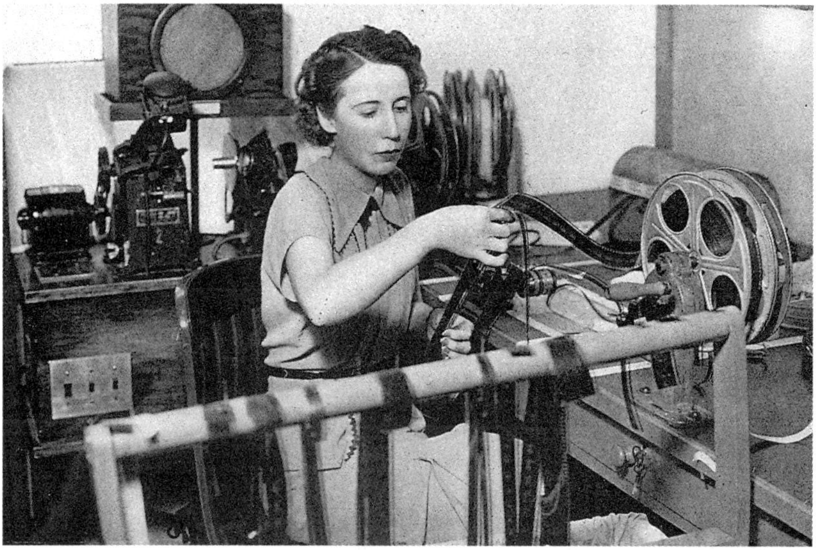

Miss Margaret Booth.

A machisme, machisme et demi ? En Italie, traditionnellement, les monteurs sont des hommes. Parce que les femmes tentent plutôt leur chance devant la caméra ? Ruggero Mastroianni est sans doute le plus connu. On peut citer aussi Nino Baragli, qui a monté tous les films de Pier Paolo Pasolini, d'*Accatone* (1961) à *Salo* (1975), et de Marîo Serandrei (8), fidèle collaborateur de Visconti.

Aussi fidèles à leur monteur que Federico Fellini, Pier Paolo Pasolini ou Luchino Visconti : Satyajit Ray — dont Dulal Dutta a monté tous les films — ou Claude Chabrol, avec Jacques Gaillard. Claude Chabrol est d'ailleurs connu pour sa fidélité envers ses techniciens en général. Il leur « donne » régulièrement du travail, comme à l'époque moins aléatoire où les techniciens n'avaient besoin que de deux ou trois « clients » pour vivre.

Alain Resnais dit que s'il tournait plus souvent, il aimerait changer de techniciens à chaque film, pour l'expérience, mais tournant peu, il reprend ceux avec lesquels il travaille bien.

La collaboration avec Peter Przygodda — qui lui-même a réalisé des films marginaux — semble indispensable à Wim Wenders, et Jean-François Stévenin et Yann Dedet ont visiblement l'air de bien s'entendre.

Les femmes ont maintenant la possibilité d'être réalisatrices, ou chefs-opératrices. Inversement, le fait d'être monteur s'est banalisé. Auparavant, en France, étant l'exception, les monteurs se devaient d'être exceptionnels, un peu comme les hommes qui font la cuisine, et dont on dit qu'ils sont forcément des « chefs ».

Mais les hommes qui étaient monteurs l'étaient parfois avant de « passer à la réalisation », ou faute d'avoir pu le faire. Il est vrai que c'est sur l'écran de la table de montage que l'on voit le mieux un film, ses défauts, ses qualités, ce qu'il aurait fallu faire. Le montage est une bonne école pour la réalisation.

3. La collaboration monteur-réalisateur

Jean-Luc Godard et Alain Resnais, entre autres, ont fait du montage avant de réaliser des films. Dziga Vertov aussi, qui a commencé par réaliser des films de montage d'images d'actualités non tournées par lui, et qui dévelop-

---

8. Selon Jean Tulard (*Dictionnaire du cinéma*, Bouquins, 1984), Mario Serandrei serait l'inventeur de l'expression « néo-réalisme » lancée à propos d'*Ossessione* (Visconti, 1942). Créditons les monteurs de leurs inventions extra-professionnelles…

pa par la suite sa théorie, pour la réalisation, du montage nécessaire avant le montage, du montage avant même le tournage.

Ces exemples de cinéastes-monteurs, de cinéastes du montage (1) — non seulement dans *A bout de souffle* et dans *Hiroshima mon amour*, qui ont révolutionné le montage, et sont encore aujourd'hui cités comme les deux films marquants du cinéma moderne, mais dans leurs films suivants — ne doivent pas déplacer la question de la collaboration au montage du cinéaste et du monteur.

Un mot cependant de l'exception à cette règle de la collaboration, à propos de Godard. Godard a cessé sa collaboration avec Agnès Guillemot en 1968. Collaboration particulièrement fructueuse commencée en 1960 avec le montage-son du *Petit Soldat*. Vingt ans après cette rupture, Godard l'explique par des ondes négatives qui seraient passées entre eux ; elle l'énervait, il la tyrannisait ; il ne pouvait plus approcher de la table ; tout ce qu'elle touchait créait des décharges électriques (2).

Indépendamment de ces frottements électriques, 1968 fut une rupture plus globale dans le cinéma de Godard. Aujourd'hui, après la phase militante, après la phase vidéo, il monte seul ses films. Il dit qu'il est arrivé à un point de montage qui est presque de la composition musicale, et qu'il ne pourrait employer qu'une sous-assistante. « *Cela me ferait de la peine de ne la voir que classer des chutes, que du reste je ne classe plus.* » (Cécile Decugis dit que dès *A bout de souffle* il ne les classait pas tellement, et Agnès Guillemot confirme qu'il n'y avait pas beaucoup de chutes sur les montages de Godard.)

Godard considère que travailler à deux est très difficile : il faut une connivence ou une complicité dans l'exécution — comme dans le free-jazz. Certes, il serait plus « *agréable* » de faire le travail à plusieurs, en équipe, comme les chercheurs scientifiques, mais Godard n'a pas trouvé les collaborateurs dont il rêve. D'abord, il n'arrive pas à réduire la différence entre lui et les techniciens, à savoir qu'un film lui prend deux ans et demi, tandis

1. Peut-on parler de sens du montage ? Koulechov (*Cahiers du cinéma, Russie, années vingt, op. cit.*) constatant qu'il y avait avant le cinéma, de remarquables formes de montage en littérature, disait : « *Je pense qu'il existe plusieurs sortes de perception de la vie. Par exemple, la perception du musicien, la perception du sculpteur, la perception du peintre, et il semble que le montage soit, depuis longtemps, un moyen de percevoir la vie.* »

2. Jean-Marie Straub non plus n'a pas le droit d'approcher la table à laquelle travaille Danièle Huillet ! Rempart contre l'énervement ? Autre « énerveur » de monteuses, le cinéaste Jean Aurel qui avait l'habitude de marcher à grande vitesse dans leur dos... Lutte pour le territoire.

qu'un monteur monte quatre films par an. Argument réfuté par les monteurs, qui, même lorsqu'ils enchaînent beaucoup de films, disent entrer complètement dans celui sur lequel ils travaillent, dès le premier jour, et ne plus penser qu'à ce film — consciemment et inconsciemment. Ensuite, Godard reproche aux monteurs de ne pas être disciplinés, de ne pas s'entraîner comme des musiciens, de ne pas prendre soin du matériel.

Après chaque collure, il enlève avec un tournevis les « *mouchetis* » de scotch, et pense être un des meilleurs à faire les collures ! Comme Glenn Gould réglant la hauteur de son siège, au montage aucun détail ne doit être négligé, et Godard s'offusque du manque de soin pour le matériel qui règne, selon lui, dans les salles de montage, par exemple à Billancourt.

Résoudre la question du montage-film par la vidéo ?

Tout aussi révolté par les « *professionnels de la profession* », mais ne souhaitant pas se retrouver complètement seul face à ses images (comme Jean-Luc Godard, Chris Marker et d'autres cinéastes), Robert Kramer résoud la question du montage de la façon la plus *sacrilège* qui soit : à travers la vidéo (3). L'exemple vaut que l'on s'y attarde. D'abord à cause de la peur viscérale du montage que ce cinéaste éprouve depuis qu'il fait des films, de l'horreur que représentent pour lui le « *génocide* » de la pellicule, son hachage en morceaux, la reconstitution des chutes recollées, toute la manipulation lourde du film. En même temps, Robert Kramer n'a jamais pu se détacher du montage de ses films, et a toujours mal vécu le rapport selon lui « *hautement aliéné* » du réalisateur au monteur à qui il confie son « *bébé* ».

Robert Kramer a eu la révélation qu'avec la vidéo — *Notre Nazi* tourné en vidéo, dont les quatre-vingts heures de *rushes* ont pu être réduites rapidement à trente-six, lui a fait découvrir une manière de travailler différente du film et très « *libératoire* » — il pouvait contrôler son montage tout en jouant

3. De plus en plus de cinéastes — par exemple, Jean-Jacques Beineix pour *Roselyne et les lions* — acceptent de dépasser l'hostilité qu'éprouvent les praticiens de l'image-film envers la vidéo, et rompent la chaîne homogène cinéma ou vidéo. Ils tournent en film (super 16 ou Panavision 35), font un premier montage en vidéo, et terminent le montage en film. Alain Bergala a apprécié de se réapproprier *Incognito*, seul, devant un moniteur vidéo. Sa monteuse a ensuite visionné les *rushes* également seule et toujours en vidéo ; ils se sont retrouvés plus tard pour le montage-film. Le deuxième intérêt de cette façon de travailler consiste à pouvoir voir tout le film tourné, même les prises arrêtées qui n'auraient jamais été « tirées » en film.

aussi librement qu'un enfant sur une plage avec du sable et de l'eau. La vidéo est vraiment pour lui de cet ordre-là, elle appartient à cet élément liquide, jusque dans ses défauts. Comme une télévision qu'on laisse allumée lorsque le programme n'est pas passionnant, la vidéo coule et ne demande pas la même concentration que le cinéma ; on en accepte les défauts.

Robert Kramer pense que le montage-film et le montage-vidéo n'ont rien à voir, et que ceux qui croient pouvoir monter un film en vidéo se trompent complètement. Un film doit être monté en film. La rigidité qui appartient à ce *medium,* qui est déjà dans le cadre, dans le rectangle de pellicule, et que l'on retrouve dans le montage appartient à un autre sens des formes.

Mais dans une première phase du travail, pour chercher, pour « *remuer* » (le sable, et l'eau), la vidéo est un outil fantastique et intéressant économiquement. Lorsqu'il y a une masse énorme de matériel et de nombreuses pistes possibles pour le montage, elle permet de commencer quelque part, de se dire « on va aller de 0 à 80 » et de prendre ce qu'on aime.

Après l'expérience traumatisante du montage de son film *Diesel*, avec contrôle de la production, intervention de monteurs qu'il n'avait pas choisis, dates difficiles à rattraper, et le cauchemar que représentait le fait de voir des possibilités du film éteintes par la bêtise, au nom d'un « *punch* », et d'une logique de réduction du montage à des effets, Robert Kramer a essayé d'appliquer au cinéma les pouvoirs libérateurs de la vidéo découverts avec *Notre Nazi*. Pour ses deux films, *Doc's Kingdom*, et *Route One USA*, tournés en super 16, tout le matériau a été transféré en vidéo. Il a fait plusieurs montages — c'est un des intérêts de la vidéo que de pouvoir faire autant de versions que l'on veut — en sachant qu'il repasserait en film pour la phase finale du travail. Avec *Doc's Kingdom*, il avait un montage de deux heures, qu'il a réduit facilement à une heure et demie à partir du moment où il était en film. Robert Kramer aime beaucoup ce moment du passage de la vidéo au film. La récréation est terminée, le vrai travail commence, c'est très tonique. Tout ce qui s'est fait avant, c'étaient des expériences, maintenant c'est le film, c'est comme cela que ça va vivre. On coupe énormément. Il faut condenser. « *On voit mieux, ça communique beaucoup plus directement. Tout ce qui n'était pas clair est deux fois moins clair. Tout ce qui était gommé par ce passage électrique d'une chose à l'autre en vidéo, apparaît en film de façon flagrante. On commence à avoir cette chose dure et un peu sauvage, cette qualité dans* Route One USA, *d'être toujours arraché aux choses.* » Sur *Route One USA*, Robert Kramer a d'abord travaillé seul pendant trois mois, à mémoriser ses cassettes, à en faire des relevés et à choisir dans son film des images qui l'intéressaient. Puis il a travaillé pendant plus de six mois avec un monteur, Guy Lecorne, qui a accepté de le faire en vidéo. Ils ont épuisé ainsi rapidement beaucoup de possibilités. Le film posait de vrais problèmes de structure, il fallait trouver un équilibre entre plonger, disparaître dans les choses et maintenir le sens de la route, du voyage. Après un montage de sept heures, ils sont arrivés à une version de cinq heures et demie lorsqu'ils sont passés en film.

Dans la salle de montage, Robert Kramer retrouve la position qu'il avait lors du montage de ses films de la première période américaine — période « gauchiste » où il réalisait des films hors de la division habituelle du travail — et qui ne ressemble en rien à celle du cinéaste qui passe deux heures par jour au montage. Il est tout le temps présent : il aime le montage dans ces conditions-là, c'est-à-dire où tout se coupe, se resynchronise et se voit tout de suite. Au besoin, il sert un peu d'assistant en recollant les chutes.

Robert Kramer, même s'il les comprend, ne peut supporter les habitudes de pouvoir des monteurs sur « leur » salle et « leur » équipe, non plus que leur peur de prendre des risques et de compromettre leur avenir professionnel.

La collaboration dans le montage traditionnel

Cette collaboration dépend des films et des personnes en présence. Comme le résume Jacqueline Sadoul : « *Il faut être d'accord avec son metteur en scène, mais il faut lui apporter des choses.* » Elle aimait bien « *mettre son grain de sel* » dans les montages, et elle se souvient que cela déplaisait parfois. Par exemple, sur la version anglaise de *Lola Montes*, elle avait « improvisé », et monté d'une façon très violente, mouvement sur mouvement, une scène de fuite de Lola Montes après une dispute avec Ivan Desny. Max Ophuls a trouvé ce montage intéressant, mais la monteuse de la version française, Madeleine Gug, n'a pas apprécié cet écart par rapport à son montage. Jacqueline Sadoul a dû s'incliner et conformer son montage à celui de la version française.

Pour les monteurs, mieux vaut parfois travailler sur un moins bon film, qui leur laisse plus de possibilités, plus de choix. Jacqueline Sadoul préférait monter un mauvais film de « qualité » française, plutôt que *Lola Montes* si elle ne pouvait rien y apporter, ou plutôt que travailler avec René Clair ou Luis Buñuel qui avaient leur film dans la tête et ne laissaient pas beaucoup d'initiative à leurs techniciens. Buñuel était d'autre part connu pour couper ses plans trois images après le clap et trois images avant le « coupez ! ». Il ne montait rien pendant le tournage, et ensuite montait le film en trois jours. Rossellini travaillait, lui aussi, très rapidement.

Autre cas de figure, celui de cinéastes comme Jean Eustache ou Otar Iosseliani qui *font leur film au montage*. Souvent eux-mêmes à la table, ils ont besoin de la connivence d'un ou une assistante. Certains monteurs peuvent apprécier cette position, plutôt que monter le film d'un cinéaste qui n'aime pas le montage.

Ce qui compte, selon Robert Wise — à la fois monteur notamment de *Citizen Kane* et de *La Splendeur des Amberson* (monté et remonté avec et sans Orson Welles), et réalisateur (dans l'enquête de *Film Comment*, il est cité parmi les dix meilleurs monteurs et parmi les réalisateurs ayant le plus marqué le montage) — c'est la personnalité du monteur, sa compatibilité avec celle du réalisateur pour le plus long mariage du film. (Jacques Comets parle de « *conjugalité de quatre mois* ».)

Compatibilité des humeurs dans cette période très importante où il s'agit de finir le film. Stade critique pour le cinéaste qui peut vouloir en finir et ne pas arriver à terminer. Sans prendre trop au sérieux le rôle d'analyste souvent dévolu au monteur dans cette salle obscure où surgissent parfois de petites et de grandes peurs, ne pourrait-on dire qu'il y a sans doute un stade du miroir — voir ses propres images — et une castration symbolique — les couper — à dépasser ?

Parmi les monteurs et les cinéastes, il y a ceux qui aiment couper, qui pourraient avoir comme devise « je coupe donc je suis »... et ceux qui se culpabilisent de couper, comme l'écrit André S. Labarthe (4) : « *On ne coupe pas sans dégoût, sans écœurement, sans haut le cœur, qu'il s'agisse de têtes ou de morceaux de pellicule. On ne coupe pas sans se sentir coupable.* »

Et puis il y a les maniaques, les obsessionnels de la propreté, de l'organisation, de l'ordre, de la synchronisation (5), etc., les éternels assistants qui n'arrivent pas à franchir le cap du « chef »... ceux qui ne revoient jamais les films une fois qu'ils sont terminés...

Encore faut-il avoir pu terminer le film, car la question se pose en effet : quand peut-on considérer qu'un film est terminé, qu'un montage est achevé ?

---

4. Supplément de *L'Humanité*, 11 janvier 1989.
5. Il arrive à Jean-Luc Godard de se demander si la personne qui lui parle — dans la vie — est synchrone.

Qu'elle soit impossible ou qu'elle ne soit pas souhaitable, cinéastes et monteurs disent ne pas vouloir la *perfection*. Charlie Chaplin, qui plus que tout autre l'a cherchée — il tournait et re-tournait jusqu'à ce qu'il obtienne ce qu'il avait en tête, et il montait ses plans à une image près — a dû se rendre à l'évidence : « Le cinéma est un art imparfait et le sera toujours. Je ne peux pas re-tourner le début du film car la comédienne qui joue le rôle a vieilli. Un peintre peut recommencer sa toile pendant dix ans, s'il le souhaite. Moi je ne le peux pas » (6).

Pour Jacques Rivette, qui en parle à propos de Jean Renoir au moment de la sortie de son film *La Bande des quatre*, le cinéma n'est pas l'art de la perfection, mais de l'intensité. Déjà, en 1953, dans un article sur *Les Indomptables* de Nicholas Ray, intitulé « De l'invention », Rivette défendait le fait que des idées de mise en scène puissent l'emporter sur leur réalisation bonne ou mauvaise, et affirmait le « *privilège des maîtres de tout voir tourner à leur avantage, et les défauts les plus simples, plutôt que de les effacer* » (7).

Agnès Guillemot, elle, croit à la sainteté : « *C'est la première fois que je me lance dans cette comparaison à propos du cinéma, mais dans la vie, pour moi, c'est essentiel. On a toujours confondu sainteté et perfection, cela n'a rien à voir. La sainteté est une adéquation, qui n'a rien à voir avec une perfection horizontale. Ce qui n'enlève rien à l'exigence absolue de rigueur. On reprend pour la moindre petite chose, mais une fois qu'on a l'impression que la vérité affleure, on ne la remet pas en question en se demandant si on ne pourrait pas faire mieux. Et si un mois après on s'aperçoit qu'on aurait pu faire mieux, tant pis. On en est à l'enfant suivant. Il faut les laisser vivre tout seuls. Je crois qu'il faut aller de l'avant. Par contre, aller jusqu'au bout de la rigueur qu'on a entrevue et ne rien laisser passer. Jamais, même à un mixage, même s'il est très tard, je ne dis* "ça ira comme ça". *Après avoir travaillé longtemps avec Jacques Maumont* (8), *j'ai retrouvé un mixeur qui tra-*

---

6. A propos de *La Ruée vers l'or*, dans Pierre Braunberger, *Cinémamémoire*, Éd. du Centre Georges Pompidou, 1987.
7. *Cahiers du cinéma*, n° 27, octobre 1953.
8. A propos de Jacques Maumont, on pourrait — non pour en faire une « question de personne » mais pour poser le problème de la division du travail et de l'entente du cinéaste avec les différents techniciens — citer certains propos moins favorables d'Otar Iosseliani au moment des *Favoris de la lune* (*Positif*, janvier 1985) : « *Quand il mixe, avant qu'il comprenne ce que je veux, avant qu'il reçoive mon signal, que ça marche dans sa tête, qu'il corrige, que je rectifie, ça prend un temps fou. Surtout qu'il n'a jamais vu le film et qu'il ne sait pas où il va.* »

Charlie Chaplin.

vaille très bien, c'est Loublier. Ils ont ce même plaisir du travail bien fait, non pas pour la gloriole, puisque personne n'entendra la différence... Comme un musicien qui reprend un morceau parce que son si bémol n'était pas tout à fait juste. Et cela, c'est une jouissance formidable. »

La phase du mixage pose cette question de façon particulièrement aiguë, car cette collaboration a lieu pendant un temps très court et en fin de processus. Le mixeur doit « entrer » dans le film sans avoir parfois pris le temps de le voir, et l'heure d'auditorium coûtant fort cher, il n'a pas la possibilité de faire beaucoup d'essais. L'exigence de rentabilité entraîne alors un certain professionnalisme figé, qui fait, par exemple, appliquer à un film des solutions éprouvées sur un autre. Jean-Marie Straub préfère mixer avec le technicien qui a pris les sons de ses films au tournage, le plus souvent Louis Hochet. On peut voir un signe d'une volonté de ne pas séparer les deux moments du travail du son sur le générique de *Et la lumière fut* du même Otar Iosseliani (1990), où la mixeuse, Elvire Lerner, et l'ingénieur du son du tournage, Alix Comte, figurent sur un seul carton. De même, l'Oscar du meilleur son associe maintenant ingénieur du tournage et ingénieur du mixage.

4. Le montage-son

Le montage des sons est étroitement lié à la fois à l'étape qui le précède — l'enregistrement de ces sons, qui se pratique aujourd'hui sur bande magnétique 6,25, ensuite repiqués sur bande magnétique perforée 16 ou 35 millimètres, sur laquelle s'effectue le montage à la table — et à celle qui le suit : le mixage, ou enregistrement des sons montés sur une seule bande magnétique perforée, qui est ensuite reportée sur la piste optique des copies du film. Enregistrement, montage et mixage sont les trois phases interdépendantes de la chaîne sonore, comme pour l'image la prise de vues, le montage et l'étalonnage. Le résultat final dépend du travail des trois responsables, ingénieur du son, monteur et mixeur, le plus souvent sous la direction du réalisateur.

Son direct et post-synchronisation

Il y a deux sortes de sons : les sons « directs », enregistrés sur les lieux du tournage, et les sons « post-synchronisés », c'est-à-dire ajoutés en différé (1).

Parmi les sons « directs », on distingue les sons synchrones avec l'image, paroles prises dans leur « ambiance », et les « sons seuls », ambiances seules, par exemple : du vent, des « *silences plateau* » (2) qui servent parfois à couvrir les trous ou les sautes occasionnés par des coupes dans le dialogue.

La prise de sons directs a une histoire différente selon les pays. En Italie, elle n'a été qu'exceptionnellement pratiquée jusqu'aux années soixante-dix : Luchino Visconti, pour *La Terre tremble*, par exemple, Mario Monicelli pour certaines séquences que Toto, devenu aveugle, ne pouvait doubler. Même Rossellini, dont on pouvait croire que le cinéma appelait le son synchrone, ne l'a pratiquée que rarement et pour des raisons conjoncturelles. Il n'accordait pas d'importance à la façon dont ses films étaient entendus, horriblement « doublés ». *Partner*, de Bernardo Bertolucci, entièrement réalisé en son direct, a inauguré toute une tendance du jeune cinéma italien. Mais la plupart des films sont aujourd'hui encore *post-synchronisés* ou *doublés*.

Sur le tournage d'un film de Federico Fellini, par exemple, il n'y a non seulement pas de son direct, mais pas de son *témoin*. Le son témoin est le son enregistré sur le tournage, dont on sait qu'il faudra le ré-enregistrer en totalité ou en partie en auditorium.

Les acteurs d'un film de Federico Fellini ouvrent la bouche pour réciter, non pas le texte de leur rôle, mais des chiffres, des histoires drôles ou des prières.

Pour Ruggero Mastroianni (3), monter le film sans les explications du réalisateur serait un vrai casse-tête. Le scénario n'existe, en effet, que pour le producteur, et il est complètement transformé au tournage. Federico Fellini réinvente les dialogues à cinquante pour cent au moins pour les premiers rôles. Selon lui, cette façon de travailler offre plus de solutions au montage.

L'apparition, dans les années cinquante, des premiers appareils Western Electric utilisant la bande *magnétique* (35 millimètres) a bouleversé non seulement la prise de sons, mais le tournage et la conception du cinéma. Jusque-là l'enregistrement sur pellicule optique nécessitait un matériel très lourd : *le camion de son*. Les magnétophones portables Nagra et Perfectone, utilisant

---

1. Le playback est un troisième cas de figure, qui intervient dans les films musicaux, la musique sert alors de base à la prise de vues et au montage.
2. Le « silence plateau » est l'ambiance silencieuse du lieu de tournage. Même en intérieur, même sur le plateau d'un décor construit pour le film, un silence, en effet, n'est pas une absence de son. L'absence de son, entre deux sons, donne l'impression d'un trou, d'un blanc. On enregistre donc, en principe, des silences plateau sur chacun des « plateaux » du film, avec le bruit du moteur de la caméra.
3. *Cinématographe*, n° 72, novembre 1981.

de la bande 6,25 et ne nécessitant plus qu'une équipe d'une ou deux personnes — ingénieur du son et perchman (perchiste) — furent ensuite mis au point. Les premiers films tournés entièrement en son synchrone avec ce matériel léger datent du début des années soixante.

Il semble que ce bouleversement technique ait eu deux conséquences : d'une part, l'émergence d'un nouveau cinéma, léger comme son tournage — souvent effectué en 16 millimètres et en décors naturels — d'autre part, dans le cinéma traditionnel, une perte de qualité, et donc une tendance à reporter l'exigence de qualité sur les enregistrements en auditorium. Cette tendance n'a fait que s'accentuer, au point d'en arriver à une sophistication étonnante des auditoriums de cinéma, calquée sur celle des auditoriums d'enregistrement de disques.

En 1960 déjà, dans la table ronde sur « l'actualité du montage » citée précédemment, les monteuses trouvent qu'« *on post-synchronise à tour de bras* », et qu'autrefois la qualité de la prise de son direct, même en extérieurs, était meilleure, par exemple dans *La Femme du boulanger* (1938) ou dans *Goupi mains rouges* (1943).

Vingt ans plus tard, dans la « Chronique du son » de Michel Chion (4), Marie-Josèphe Yoyotte, monteuse, et Jean Nény, mixeur, déplorent les mauvaises conditions de l'enregistrement du son au tournage, qui se répercutent sur les étapes suivantes (doublage, bruitage, mixage), dont on croit qu'elles arrangeront, corrigeront, filtreront les erreurs de la prise. Jean Nény constatait qu'en 1950 il n'y avait guère plus d'une demi-journée de doublage par film pour les scènes accidentées, là où, en 1980, il faut quatre ou cinq jours. Ce qui entraîne un mixage plus long, pour harmoniser le direct et le doublage. En 1950, le mixage durait un ou deux jours. En 1980, il nécessite souvent deux semaines, d'autant qu'il y a beaucoup plus de bandes, selon Jean Nény une quinzaine en moyenne. Jean Nény qui a, d'autre part, inventé le décaleur qui permet de recaler des sons au mixage, regrettait que cela ait pu entraîner une moins grande exigence au montage : on rattrapera l'erreur, trou ou désynchronisme. Selon lui, le mixage étant devenu une fabrication, on a moins de temps pour soigner l'interprétation.

A partir de son expérience sur deux de ses films réalisés en 1966 — *Made in USA* et *Deux ou trois choses que je sais d'elle* —, Godard introduit la distinction suivante : « *On peut considérer le son du mixage de deux façons. Soit*

4. *Cahiers du cinéma* n° 340 et 341, octobre et novembre 1982.

comme un son neuf, qu'il s'agit donc de capter, d'enregistrer, comme à la prise de vues. Soit comme un son connu, donc un son à reproduire, en exploitant au maximum la qualité de la reproduction. Pour reproduire un son, et le faire passer du magnétique à l'optique en mélangeant plusieurs bandes, c'est-à-dire de faire un seul son avec plusieurs, Maumont est le plus fort et son doigté et son oreille n'ont pas d'équivalent en Europe, surtout avec le matériel mis au point par Nény. Mais s'il s'agit au contraire de simplement capter les sons d'un autre monde qui vous tombent dessus, c'est-à-dire de faire plusieurs sons avec une seule bande, c'est-à-dire de ne jamais considérer un son comme définitif mais comme variable, c'est-à-dire surtout de mixer des rapports et non des objets, et de savoir, par exemple, qu'il y a certains bruits et certaines musiques qui ne se mettent à exister que lorsqu'elles sont saturées, dans ce cas, la jeunesse d'Antoine Bonfanti prime la sagesse de Maumont et le cœur de l'un le savoir de l'autre » (5).

Jean Rouch, quant à lui, déplore la méthode qui consiste, au mixage, à corriger plan par plan. Il avait appris avec *Maîtres fous* (1955) à mixer d'un seul coup dix minutes de film après avoir pris ses repères, comme à l'époque du son optique où il était impossible de revenir en arrière. Il pouvait faire quelques erreurs, sans importance par rapport à la conception d'ensemble qui primait.

Montage-image et montage-son

Dans certains films en son direct, le montage ne sépare pas ou très peu, l'image et le son, les plans étant considérés comme des blocs où l'émission de la parole est inséparable de ce qui a pu se passer dans l'image et le son lors de la prise. Parfois même, des cinéastes comme Jean-Marie Straub ou Philippe Garrel choisissent la prise en fonction des accidents du direct, lapsus de l'acteur, bruit inattendu, signes d'un réel qu'ils cherchent à capter. Dans les films de production et de facture plus traditionnelles, le montage se divise en montage-image et en montage-son. Un des grands changements dans la pratique du montage en France, c'est que depuis le début des années soixante-dix, le plus souvent, ils ne sont plus assurés par la même personne. On appelle montage-image le montage de l'image et de la parole. Le chef-monteur image est également responsable du montage de la musique et doit

5. Jean-Luc Godard, *Cahiers du cinéma*, novembre 1966, repris dans *Jean-Luc Godard par Jean-Luc Godard, op. cit.*

assister au mixage. Le monteur-son est responsable du montage des sons seuls. Ambiances enregistrées sur les différents lieux du tournage mais en dehors du tournage, ou complètement ailleurs (vent, mer, circulation, « silence-plateau », etc.), que l'on monte soit pour ajouter une présence sonore, soit pour couvrir un trou, un accident de la bande-paroles. Bruits ou *effets* (claquement de porte, klaxon) qui viennent directement du tournage ou du bruitage. Les multiples bandes-son ne peuvent s'écouter que trois par trois sur la table de montage, qui dispose le plus souvent de trois pistes sonores. Il arrive que l'on effectue, avant le mixage, des pré-mixages.

Autre étape du travail sonore d'un film : *le bruitage*, destiné à la version internationale (V.I.). La parole est complètement éliminée, puisqu'elle sera remplacée par sa traduction doublée dans les autres langues. Tous les sons qu'on imagine *in* et *off* à partir de l'image sont systématiquement refaits en auditorium. Certains bruits de ce bruitage peuvent être insérés dans la version originale. Des cinéastes, même très attachés aux vertus du son direct, ne s'en privent pas, Eric Rohmer par exemple, selon Cécile Decugis ; Jim Jarmusch, au contraire s'y refusait, avant *Mystery Train*. Après le montage de l'image et de la parole, et après le montage-son vient le montage de la musique. Même si la musique a été pensée parfois pendant la préparation du film et souvent pendant le montage-image, la collaboration du monteur, du cinéaste et du musicien se fait plus précise le montage terminé. Le musicien vient alors repérer à la table les moments, avec leur durée, où le cinéaste veut de la musique. Puis il compose et enregistre cette musique, qui est ensuite montée et mixée avec les autres éléments sonores.

Le montage de la musique est souvent un des aspects de leur travail que les monteurs aiment particulièrement. Comme le dit Antoine Duhamel (6), qu'existe-t-il de plus beau que l'association de la musique et du cinéma, lorsqu'elle est réussie ? Ce même Antoine Duhamel se plaint des conditions financières de la musique de film : aucun budget n'est jamais prévu.

Patricia Mazuy, qui a travaillé dans le montage et réalisé *Peaux de vaches* (1989), accorde une très grande importance à la musique. Elle pense qu'une musique peut très facilement tuer ou améliorer un film. Elle-même, pour son premier long métrage, souhaitait qu'il y ait beaucoup de musique, qu'elle a demandé au groupe rock « Passion Fodder » de composer. Elle savait dès le

---

6. Compositeur, A. Duhamel a écrit les musiques de films de Jean-Luc Godard, François Truffaut, Jean-Daniel Pollet, etc.

Séance d'enregistrement.

début que ce serait un film bruyant, aigu, avec des ruptures, les personnages et les lieux imposant ces trois caractéristiques. La campagne qu'elle voulait montrer n'avait rien de bucolique. Dans un premier temps, elle a donc monté la musique tout le long du film, et sur VHS — les musiciens avaient travaillé sur VHS —, cela fonctionnait très bien. Mais en projection, elle a trouvé que cela ne marchait pas du tout, que cela donnait un grand clip. Elle a complètement restructuré la musique, en partant du point de vue de chacun des personnages, en se donnant en fait la même règle qu'au tournage par rapport à la position de la caméra, une règle rigoureuse du *point de vue*. Elle a enlevé les deux tiers de la musique, il en reste vingt-huit minutes, ce qui est beaucoup par rapport à la moyenne actuelle.

La conception de la musique de film a nettement changé depuis une trentaine d'années. Depuis *Une femme est une femme* (1961), la question de la musique se pose en termes de montage : quand choisit-on de mettre de la musique, à quel moment la coupe-t-on ?

Georges Delerue (7), par exemple, a insisté auprès de François Truffaut pour ne pas mettre de musique à certains endroits où elle lui semblait inutile dans *Jules et Jim*. « *Auparavant on n'avait, à quelques exceptions près, qu'une vague idée des endroits où l'on devait mettre de la musique ; c'était beaucoup plus comme le " cent pour cent " américain : on avait envie de mettre une musique au début, pour la laisser courir jusqu'à la fin du film. [...] Je suis pour qu'il n'y ait pas trop de musique dans les films. J'estime que la musique tue la musique, et quand elle est utilisée ainsi, elle n'a plus d'effet. Mais ce désir d'économie musicale a été long à faire admettre par les metteurs en scène, même par ceux de la Nouvelle Vague.* »

Il arrive aussi que les cinéastes préfèrent monter des musiques déjà existantes, qu'ils connaissent et auxquelles ils ont pensé pendant l'élaboration de leur film. Cette solution permet de faire de nombreux essais de montage. Le travail, toutefois, reste le même, de choix des passages musicaux ou phrases musicales et de leur durée en fonction du film, de leurs entrées et de leurs sorties, qui s'effectuent *cut* ou en fondu (8).

Après cette présentation succincte du montage-son, en voici des exemples concrets, très différents les uns des autres, dans la mesure où l'organisation, la division et le travail du montage des sons ont particulièrement varié d'une

7. Cf. *La Nouvelle Vague, vingt-cinq ans après*, Éd. du Cerf, coll. 7e Art, 1983.
8. *Orange mécanique* de Stanley Kubrick (1971) et *Raging Bull* de Martin Scorsese (1979), par exemple, utilisent des musiques pré-existantes qu'ils retravaillent.

époque à l'autre, d'un pays à l'autre, d'un film à l'autre. Même s'il existe une standardisation — que les monteurs critiquent — des temps de montage, de mixage ou de post-synchronisation.

La division du travail aux États-Unis est très grande. Elle passe de façon absolue entre le montage-image et le montage-son, et à l'intérieur du montage-son, entre le montage des dialogues, le montage des effets, le montage des bruits, et le montage des musiques.

Bernard Eisenschitz cite une anecdote racontée par le monteur français de *La Forêt interdite* (Nicholas Ray, 1958), Georges Klotz. C'était sa première expérience américaine, et il était assez stupéfait de la façon dont se passaient certaines choses, qui étaient la norme là-bas. Il avait plusieurs monteurs-son sous ses ordres pour terminer dans des délais très courts, et il faisait la liaison à vélo dans l'enceinte du studio Warner ! Un samedi matin, ayant un raccord-son non prévu à faire, il avait été obligé — syndicalement — d'aller chercher le monteur-son à Santa Monica sur la plage, à quarante kilomètres de là. Celui-ci était arrivé tout réjoui à l'idée des heures supplémentaires qui allaient lui être comptées.

En 1989, on trouve au générique d'un film américain de production moyenne comme *Great Balls of Fire*, le film de Jim McBride sur Jerry Lee Lewis, trois « chefs-monteurs », un « chef-monteur musique », quatre « monteurs-son », un « monteur-doublage », deux « monteurs-bruitage ». Cette division du travail, qui s'explique dans le cas de films spectaculaires, compliqués techniquement, à « effets spéciaux » dont l'exécution nécessite un spécialiste, est étonnante, et, de l'aveu de nombreux monteurs interrogés, nuisible aux films d'auteurs, desquels il importe que les techniciens soient le plus proches possible du début à la fin de leur processus de fabrication. Le système américain, qui trouve sa raison d'être dans l'esprit anglo-saxon de hiérarchisation du travail et de protection syndicale, a été importé en France pour des raisons financières.

Depuis le début des années soixante-dix, liée à une concentration du temps de montage — deux mois entre les derniers *rushes* et la sortie —, elle-même due au développement des multi-salles et à une évolution de la distribution, on constate la généralisation de l'embauche au dernier moment d'équipes de montage-son spécialisées. (Les sorties étant concentrées dans le temps, il faut multiplier les copies, ce qui coûte cher, donc pouvoir récupérer vite l'argent. Comme les films s'exploitent dans un temps limité, il est nécessaire de renouveler le marché, et de fabriquer le plus rapidement possible d'autres films. Donc, le temps du montage-son est de plus en plus court — il devient inimaginable de faire des essais ou des pré-mixages — et mord sur celui du montage-image, d'où l'idée de les séparer et de les exécuter parallèlement.)

Ces équipes trouvent leur justification aujourd'hui où la stéréo, le dolby, nécessitent un travail technique plus compliqué de préparation et de disposition des bandes-son pour le mixage. On compte cinq à sept semaines de montage-son pour un film en mono, sept à neuf pour un film en stéréo. Les temps de montage étant de toute façon en France inférieurs à ceux des États-Unis.

La sophistication du dolby-stéréo a contribué à l'existence de spécialistes, mi-ingénieurs du son, mi-monteurs, quelquefois également monteurs-image, qui se battent pour une reconnaissance professionnelle de leur spécificité. Ils ont souvent leurs propres magnétophones, leur sonothèque, un équipement informatisé, et tentent de créer des cellules autonomes qui leur permettent de gérer la chaîne sonore, de la conception à la fabrication artificielle de sons.

A côté de ces nouveaux spécialistes, le montage-son est confié à des monteurs qui dans la hiérarchie sont au-dessous des « chefs-monteurs ». Cette étape intermédiaire entre l'assistanat et le sommet a des aspects positifs, dans la mesure où elle permet à des gens de faire un travail intéressant, et négatifs car elle disqualifie le travail du montage-son.

En fait, le montage des sons est une très bonne école de précision, de rigueur et d'invention. Verna Fields, monteuse-son de *While The City Sleeps* (Fritz Lang, 1956), lauréate de l'Academy Award pour le montage de *Jaws* (Steven Spielberg, 1975), et nominée pour celui d'*American Graffiti* (George Lucas, 1973) — titres qui lui permettaient de faire autorité dans le montage américain — pense (*in Film Comment*) que les monteurs-son possèdent la qualité la plus importante pour le montage : le sens du rythme. Ils font marcher les choses *en manipulant le film de l'intérieur* sans le changer.

Phénomène récent de cette sophistication de la chaîne sonore : la modernisation des auditoriums de cinéma, sur le modèle des équipements utilisés pour l'enregistrement de disques. Après Philippe Sarde, qui a appliqué au cinéma ses compétences techniques et électroniques, son expérience dans la musique, SIS, Billancourt et Joinville déclarent obsolète le matériel que personne ne remettait en question depuis vingt ans. Curieuse surenchère dans une période dite de crise, où moins de spectateurs vont au cinéma. Certains ont compris que les habitudes d'écoute liées à la modulation de fréquence, au baladeur, devaient se retrouver au cinéma, et c'est sur ces bases qu'est maintenant pensé le mixage des films. Malheureusement, cette qualité technique, cette plus grande présence du son, très peu de spectateurs en bénéficient, car les salles sont souvent mal équipées, l'équipement mal réglé. D'autre part, ce « plus » tech-

Autrefois, le pupitre de mixage.

À Auditel, mixage de *Zanzibar* (1990) de Christine Pascal, avec Fabienne Babe.

nique ne dépasse pas le plus souvent le stade du gadget, car il ne correspond à aucune nécessité esthétique. Indépendamment de cette raison technique à la spécialisation du montage-son, qui n'en a pas été la cause première — puisque la division du montage est intervenue avant —, interrogeons cette organisation du travail, sans doute un des points de changement les plus importants, auquel sont confrontés les monteurs, habitués à travailler autrement. Jacqueline Sadoul s'étonne devant les génériques français actuels séparant montage-image et montage-son, et se demande comment on peut se sentir bien « *lorsqu'on fait la cuisine sans avoir soi-même épluché et lavé les légumes* ».

Concrètement, l'indépendance du montage-son pose la question de la transmission à l'équipe du montage-son des idées accumulées pendant le montage-image. Il est impossible de tout noter, d'autant que les idées viennent ou reviennent parfois lorsqu'on ne s'y attend pas. Et l'éloignement des salles du montage image et son est parfois tel qu'il faudrait prendre le téléphone — quand ce n'est pas le vélo — dès qu'une idée vous passe par la tête...

Jacques Comets a réussi à accepter le fait qu'un autre prenne en charge le montage-son. Dans la mesure où il ne s'en désintéresse pas, il n'a pas le sentiment d'opérations indépendantes l'une de l'autre. D'autre part, bien qu'éprouvant au montage un plaisir de la manipulation, il apprécie, étant déchargé de certaines tâches matérielles, de pouvoir consacrer le maximum d'énergie à ce qui pour lui est l'essentiel du montage, c'est-à-dire la remise en question, la réflexion. Et il se considère un peu par rapport au monteur-son dans la position du metteur en scène par rapport au montage-image ; il lui échappe d'ailleurs, à propos de lui-même, le lapsus de « monteur en scène ».

Selon lui, — paradoxalement — si le monteur-image fait le montage-son du film, il est obligé, pendant la période qui précède le mixage, de se consacrer exclusivement au montage-son, c'est-à-dire qu'il lui faut considérer que le montage-image est définitif, et ne plus accepter aucune remise en question. Ce qui peut entraîner une certaine mauvaise foi de sa part, et lui faire dire au nom de raisons pratiques, techniques, économiques, que tel changement est impossible. Au contraire, il est bénéfique pour le film que le monteur puisse consacrer sa disponibilité, son temps, à ces dernières éventuelles remises en question, à la réflexion sur la musique et son montage, et sur les trucages éventuels (fondus, génériques, etc.).

Quant au son, Jacques Comets considère que le plus important est sa conception scénaristique, dramaturgique, à laquelle le monteur est parfois associé au départ. Des principes sont alors fixés qu'il faudra vérifier ensuite. Même si souvent le temps manque pour la fabrication d'une bande-son correcte, c'est un travail global dont les cinq semaines en bout de course ne sont qu'une étape. S'il y a un point de vue d'ensemble, une ligne du montage-son, tout ce qui se fait au montage-son se fait certes avec la sensibilité et l'inventivité du monteur-son, mais en collaboration avec le metteur en scène et le monteur-image. Jacques Comets obtient le plus souvent cette collaboration, et il va régulièrement apporter ses suggestions à l'équipe du montage-son. Il voit un autre intérêt à cette division du travail dans le fait d'arriver au mixage — étape très importante sur laquelle il concentre sa plus grande énergie — avec une vision neuve, légèrement décalée.

Enfin, si le montage de la parole, élément essentiel et déterminant de la conception du son pour la majorité des films, fait partie du montage-image, et si la précision de ce travail oblige le monteur à y consacrer beaucoup de temps, et si enfin on admet l'idée qu'on n'entend pas plus d'un son à la fois et que le mixage consiste plutôt à éliminer qu'à ajouter... Jacques Comets a vraiment le sentiment de participer au montage-son.

Cette idée qu'au cinéma on n'entend qu'un son me paraît discutable. Pourquoi l'oreille, capable par exemple de déceler dans une musique plusieurs niveaux enchevêtrés — *Le Sacre du printemps* fait aujourd'hui figure de classique — serait-elle au cinéma atteinte d'une paresse insigne ? Certes, on peut prendre exemple sur le cinéma américain classique qui évitait souvent un bruit de porte ou un claquement de portière, contrairement au goût français de justifier, expliquer, sonoriser — tout ce qui se passe dans l'image devant avoir un équivalent au son.

On peut aimer une certaine *pureté* des sons de films anciens, comme ceux d'Orson Welles — qui venait de la radio et connaissait le travail de la matière sonore — ou de Shohei Imamura, qui mettent en valeur, souvent par des silences le son important de la séquence ou du plan, celui-ci n'étant pas toujours réaliste comme dans *Désir meurtrier* (1964) le montage des bruits de train.

Mais on peut aussi apprécier l'invention de certains films récents, jouant, comme *Blade Runner* (Ridley Scott, 1982) sur plusieurs « couches » de son (9).

Plaisir du montage des sons

Agnès Guillemot regrette d'avoir été obligée deux fois d'accepter des monteurs-son pour finir le film à telle date, fixée avant même d'avoir commencé

9. Cf. Michel Chion, *La Toile trouée*, Éd. de l'Étoile, Cahiers du cinéma, 1988.

le tournage ! Deux fois, elle a eu la « souffrance » d'arriver au mixage sans savoir ce qu'il y avait sur les bandes-son. Maintenant, elle s'organise mieux, elle demande une salle de montage pendant deux semaines de plus, et une assistante-son prépare les bandes. Elle-même programme, fait repiquer à l'avance, au fur et à mesure, les sons qu'elle a envie d'intégrer au montage. Puis, au dernier moment, c'est elle qui les monte. Sur le deuxième film de Francesca Comencini, cela lui a pris cinq jours. Elle a été très fière d'y arriver, sans y passer ses nuits, en travaillant « *seulement* » jusqu'à vingt et une heures. « *Monter les sons soi-même, quel plaisir !* » D'autant plus nécessaire que ce montage des sons il faut, selon elle, le défendre aux yeux de metteurs en scène qui trouvent qu'il gêne leur dialogue. Ce fut par exemple le cas sur *Escalier C* de Jean-Charles Tacchella, qui a été mixé deux fois, une fois sans ambiances, une autre fois avec des ambiances qu'on n'entend pas forcément mais qui enlèvent l'impression de faux studio que laissait la première version.

Agnès Guillemot, qui a commencé sa carrière par le montage-son du *Petit soldat*, pense qu'elle est faite pour ça. Elle a le sens de cette orchestration. Une cloche, bien placée, situe ; un oiseau, bien placé, crée une alerte. Elle n'en met pas beaucoup, elle en met le « *minimum* ». Ce qui l'amuse, c'est d'utiliser les événements sonores des prises qui ne sont pas choisies. Elle note que dans telle prise de tel plan un chien a aboyé, dans une autre un enfant a pleuré, et plus tard, elle réintègre ces sons dans les prises choisies. Par exemple, dans *Fuegos* d'Alfredo Arias, film qui se déroule dans une région non située d'Amérique du Sud au début du siècle, il y avait dans un plan un avion qui passait. Au lieu d'éliminer ce bruit parasite par excellence, elle l'a placé juste avant le générique, et ce bruit d'avion crée un effet inexplicable, amène le générique, fait « décoller » le film. Pour les paroles également, elle prend des phrases mieux dites dans d'autres prises que dans la prise choisie, les trois-quarts du dialogue viennent d'ailleurs. Quelquefois, seulement des syllabes. Dans *Il y a longtemps que je t'aime* de Jean-Charles Tacchella, Jean Carmet disait « *bien* » à la fin d'une prise. Il aurait dû dire « *rien* ». On ne pouvait pas le faire doubler, Agnès Guillemot a pris le « r » dans une autre phrase. Personne n'en a rien su.

Suzanne Baron (10) donne un aperçu de la minutie du montage-son dans les films de Jacques Tati, qu'elle a montés. Dans *Les Vacances de M. Hulot* pour une scène d'une minute — celle du pneu qui se dégonfle dans le cime-

---

10. Cf. *Cinématographe*, n° 115, janvier 1986. Suzanne Baron a été la monteuse de Jacques Tati, Louis Malle, Volker Schloendorff, André Delvaux, Jean Rouch, etc.

tière — il y avait quarante minutes de « *Bzz* », « *Pschh* », « *Trlll* », etc., tous les bruits possible d'air s'échappant d'un trou de pneu. Il y avait aussi des bobines entières de vagues, « *des centaines de variations : la grosse vague, la moyenne vague, le ressac, la vague dans les rochers, la vague sur le sable, la vague qui fait* "schlurrp", *et puis une autre. Pour les ambiances, c'était pareil, chaque phrase était isolée :* "maman il m'a pris ma pelle", "Gérard viens ici", *etc.* » Cette précision du travail sonore au montage évoque celle de Robert Bresson, également connu pour refuser le son direct.

Indépendamment de ce plaisir que certains monteurs éprouvent à monter les sons (d'autres sont plus intéressés par la construction de la structure d'ensemble ou par les rapports visuels des images entre elles), de ce sens musical que l'on peut développer mais que l'on possède ou non au départ, il y a dans le montage des sons un aspect technique qui s'apprend.

Jacqueline Sadoul reconnaît avoir toujours très bien préparé ses bandes-son grâce à son expérience dans le montage des versions doublées aux États-Unis. (C'est là qu'elle a connu Luis Buñuel, à l'époque directeur des versions espagnoles.) C'était entre 1943 et 1945, et le doublage se pratiquait déjà sur dix-neuf pistes (11). Plus tard, dans le montage en France, elle a su, par exemple, mettre tous les bruits forts sur une bande, toutes les sonneries de téléphone, qui devaient passer dans une chambre d'échos sur une autre, de façon que le mixeur ne soit pas obligé de défaire et refaire brusquement ses réglages. Elle facilitait le travail du mixeur en séparant bien les bandes, quitte à faire parfois des pré-mixages.

Pour les musiques aussi, elle aimait choisir des morceaux, les enregistrer, et les placer, avant que le musicien ne vienne voir le film, ce qui pouvait donner des idées pour la musique définitive. Ce fut le cas d'un film de Gilles Grangier dont Francis Lemarque a écrit la musique à partir de chansons de cow-boys qu'elle avait placées, pour s'amuser, sur des plans de Fernandel à cheval.

Elle se souvient aussi du thème que Georges Auric avait enregistré de douze ou treize façons différentes pour *Les Parents terribles*, avec orchestre, en musique de chambre, pour piano seul, etc. Ce n'était pas une musique

---

11. Le montage des doublages est, selon elle, un travail difficile, dont le résultat n'est jamais parfait. Comment faire entrer un vocable français sur des lèvres américaines ? Pour les gros plans, il est nécessaire de faire dire, non pas le dialogue original, mais des mots qui correspondent au mouvement des lèvres. Le traducteur a beau faire attention aux labiales, le monteur est souvent obligé de couper entre les mots, de prolonger une phrase pour que le « p » ne tombe pas au moment où la bouche est fermée, etc. Quelquefois, elle était amenée à couper l'image. Elle se souvient avoir été mieux payée à la Warner, parce que dans ce studio elle avait le droit de couper l'image.

composée d'après les images, c'était un thème qui avait plu à Jean Cocteau et qu'ensuite ils avaient monté, c'est-à-dire choisi de mettre ou d'enlever, dans telle ou telle version, selon les moments du montage.

Rouch, « Napoléon » du montage ?

Jean Rouch, sur cette question du montage-son, a pris tous les autres de vitesse et gagné toutes les batailles. Il évoque l'apport particulier de Marie-Josèphe Yoyotte, musicienne, d'origine antillaise, qui commençait à travailler dans le montage, à son film *Moi un Noir*, pour lequel ils ont été « *forcés d'inventer* ». Le film avait été tourné en 16 millimètres muet avec une caméra à ressorts, les plans ne duraient pas plus de vingt-deux secondes.

Jean Rouch avait ensuite projeté aux acteurs un pré-montage de deux heures, à partir duquel ils ont improvisé un commentaire, inventé une fausse post-synchronisation. Le ton du dialogue, l'incroyable histoire racontée par Oumarou Ganda est alors devenue la ligne de montage du film, et Jean Rouch a appris à monter sur un texte, méthode exactement inverse de celle de *Maîtres fous*, qu'il avait monté, sonorisé, de façon classique — excepté l'enregistrement du commentaire qu'il avait improvisé sur les images du film, afin que cela soit plus vivant que les commentaires écrits et lus des documentaires traditionnels. La difficulté est venue du fait que la post-synchronisation était intervenue sur le film non définitivement monté. Comment, par exemple, rallonger l'image — que le montage au contraire raccourcit — lorsque le commentaire, très inspiré, par exemple dans la séquence de la guerre d'Indochine, ne peut être coupé ? Ils ont ajouté des images blanches.

D'autre part, s'est posée la question de l'impossible synchronisme. C'est sur ce point que Jean Rouch admire l'invention de Marie-Josèphe Yoyotte. Elle a eu l'idée d'une pseudo-synchronisation consistant à synchroniser quelques effets et à laisser le reste, avant et après, délibérément désynchrone. Par exemple, lorsque les personnages sortent du port et passent à côté des policiers, Oumarou Ganda dit à son copain : « *Et ces gens-là qui nous arrêtent à la sortie, ouh-ouh-ouh-ouhh, pourquoi ne nous arrêtent-ils pas à l'entrée ?* » Seul le « *ouh-ouh-ouh-ouh* » est monté synchrone, et le texte qui l'entoure acquiert une dimension étonnante, à la fois commentaire après coup, et paroles du moment de l'image.

Jean Rouch raconte encore comment ils ont monté la bagarre. Il avait expliqué à sa monteuse qu'en Afrique, lorsqu'ils voient des films de violence, des films américains, des films avec Eddie Constantine, les spectateurs les ponctuent par des cris structurés par des rythmes : « *einh-einh-einh, einh-einh, einh, einh-einh* ». C'est ainsi qu'ils ont monté les images de bagarre sur des rythmes de danse, avec ce genre de *break*. Le plus souvent, c'est la fin qui déterminait le montage, *le knock down*. Après avoir insufflé ce rythme aux images, aux coupes, aux reprises, ils ont enlevé la musique et fait bruiter la bagarre. Bruitage décevant, peut-être parce qu'il est trop bien fait. Jean Rouch aurait préféré un bruitage plus « *naturel* », enregistré dehors et non dans un studio. (Il rejoint là Jean-François Stévenin, qui a bruité ses films dans la cour de sa salle de montage parisienne.)

C'est sur ce film que Jean Rouch a découvert l'importance de la bande-effets, bruits, ambiances enregistrés lors du tournage ou qu'il est allé enregistrer lui-même ensuite. Bruit de ville lointaine, de boîte de conserve qui roule, petite fille qui pleure, etc., ponctuent le film. Sept à huit bandes ont ainsi été montées et pré-mixées, avant le mixage avec la voix. Jean Rouch reconnaît avoir sur ce film pris tous les risques.

Il a ensuite appliqué cette méthode à *La Pyramide humaine*, ainsi qu'à *La Chasse au lion à l'arc*, même si dans ce dernier film plusieurs séquences ont été tournées synchrones. Jean Rouch aime ce travail de *sonorisation*, d'ajouts, d'effets.

Plus récemment, pour *Brise-glace*, moyen métrage de trente-cinq minutes diffusé à la télévision, il s'est servi de sons réels comme contrepoint du montage-image réalisé dans la tradition du cinéma muet — refusant commentaire et musique. Il a monté l'image avec Jean Ravel, et c'est le preneur de sons qui a monté ses sons — compliqués — bi-pistes, stéréo, synchrones. Ce preneur de sons travaillait comme l'assistant de Jean Ravel, coupant aux marques du chef, en tenant compte de ses sons à lui (12).

La façon de travailler de Jean Rouch, le non-conformisme de ses équipes techniques, correspondent aux films qu'il fait, eux-mêmes inscrits dans un contexte de production et de diffusion relativement marginal. Le montage d'un film de Jean Rouch est un travail d'improvisation jusqu'au mixage, dans la continuation de sa prise de vue : pas de scénario, pas d'acteurs pro-

---

12. Jean Rouch sait inventer des systèmes originaux de collaboration pour le montage de ses films, prenant en considération à la fois le film et ses conditions matérielles de fabrication, et les personnes en présence. C'est ainsi que j'ai pu construire avec lui toute la structure des différentes versions de *Petit à petit* à partir de vingt-quatre heures de *rushes*. La chef-monteuse, Josée Matarasso, peu disponible, venait couper les petites images de ses raccords.

fessionnels, pas d'équipe technique professionnelle. Rien à voir avec le montage « production ».

Josée Matarasso (13) se considère à juste titre comme une chercheuse. Monter avec Jean Rouch, c'est, selon elle, improviser sur la machine, collaborer à cent pour cent dans une liberté totale, en dehors des repères habituels, suivre le mouvement cérébral, parfois surréaliste de Rouch, « *entrer dans son film par l'émotion* ». Il faut apprendre à sentir la courbe sonore, la phrase d'un personnage qui fait rebondir le plan suivant.

L'image, parfois plate, parfois floue, n'est pas non plus évidente à couper, et c'est souvent — on vient de le voir — l'introduction du son qui lui donne une dimension plus vaste, plus vivante. Le monteur est guidé par la force du sujet, la vérité des gestes. Pour couper dans un boubou qui se soulève, il sera tenu compte du mouvement de la main qui intervient, d'un regard — yeux baissés ou ouverts.

Pour Josée Matarasso, il y a des milliers et des milliers de raccords — comme dans *Le Jardin extraordinaire* de Charles Trénet : « *Il suffit pour ça d'un peu d'imagination...* » (14).

Elle exécute les siens, à une image près, elle-même, seule, au besoin en faisant sortir Jean Rouch de la salle, dans un geste qu'elle dit aussi naturel que celui de porter un verre d'eau à la bouche. Elle entre dans le fil de l'histoire en remontant par la fin. Jean Rouch dit que Josée Matarasso lui a appris que c'est la dernière image qui reste, qui *persiste*, qui se fond avec les suivantes sur la rétine, d'où l'importance de ce geste, de ce regard, de ce que l'on voit sur le dernier photogramme d'un plan.

Pour *Maîtres fous*, Suzanne Baron, qui montait en même temps un film sur le Vel d'Hiv avec Frédéric Rossif, montait au contraire sur la première image. C'était le coup de poing de la première image qui était important pour elle.

Pour *Chronique d'un été*, Rouch a trouvé en Jean Ravel quelqu'un qui arrivait à résoudre « *non pas des problèmes de raccords, mais des problèmes de raccords impossibles* » posés par ce « cinéma-vérité » de témoignages par-

---

13. Josée Matarasso a monté, entre autres, des films réalisés dans le cadre de l'UNESCO, et trois films de Jean Rouch : *La Chasse au lion, Jaguar*, et *Petit à petit.*

14. « *...Jardin extraordinaire où l'on entre par hasard, loin des noirs buildings, [...] Un ange du bizarre, un agent nous dit : étendez-vous sur la verte bruyère [...] Jardin extraordinaire où il y a des canards qui parlent anglais, des statues qui se tiennent tranquille tout le jour, dit-on, mais qui dès la nuit venue s'en vont danser sur le gazon, etc.* » Josée Matarasso compare encore le montage à la chanson de Jacques Prévert chantée par Yves Montand : *En sortant de l'école*, qui fonctionne comme la ritournelle marabout-bout de ficelle-selle de cheval, etc., sur le mode merveilleux.

lés, plus difficile à truquer. Comment couper dans le discours d'un même personnage dans un même cadrage ? Comment « passer », comment « sauter » ? Savoir profiter d'un regard, d'un recadrage, d'un élément tout à fait anecdotique, mais qui devient capital pour le « raccord ».

5. *Savoir terminer un film*

Concrètement : quand s'arrête-t-on de chercher, de fignoler, de faire mieux ? Indépendamment des délais impartis et qu'il faut respecter, qui parfois vous contraignent à avancer, pour « livrer » la copie à temps. Cela fait partie, d'ailleurs, de la responsabilité du monteur que d'organiser le temps sans angoisse par rapport à la pression des dates de mixage ou de sortie, et de la conscience professionnelle élémentaire que de ne pas utiliser ces butoirs pour refuser une modification.

Pour André S. Labarthe, le moment fort du montage c'est lorsque l'on dit « *ça y est, c'est fini* ». On arrête d'agir, c'est le film qui va agir sans nous. D'ailleurs, lorsque l'on fait des projections de *rushes*, on est obligé d'expliquer certaines choses : « *Là, on fera ceci, il ne faut pas tenir compte de cela, on va garder cette longueur, etc.* » Le film est fini lorsque l'on n'a plus besoin de donner d'explications. Le film fait lui-même le travail que l'on faisait à côté de lui.

Ce moment peut venir après beaucoup de travail ou non. L'émission de *Cinéastes de notre temps* sur John Ford est un exemple de film fini avant montage. André S. Labarthe et son équipe avaient filmé quarante minutes (quatre magasins de pellicule 16 millimètres). Le texte de l'entretien fut décrypté, comme d'habitude, et à la lecture, c'était « *nul* ». Il n'y avait rien. Ils ont regardé les *rushes*, et c'était « *fascinant* ». Il n'y avait aucun rapport entre le contenu de ce qui était dit et ce qu'ils voyaient à l'image. Ils ont décidé d'essayer de monter, et André S. Labarthe s'est aperçu qu'en montant il retrouvait la nullité de la transcription. Monter, cela voulait dire élire certains moments, les conserver, leur faire un sort, etc.

Or, ces moments n'avaient aucun intérêt. Il fallait un non-montage. Ils ont conservé les claps, les fins de plan où l'image disparaît et où le son continue dans le noir, parce qu'ils ne voyaient pas où couper. S'ils ne voyaient pas où couper, il ne fallait pas couper. André S. Labarthe pense que Jacques Rivette a sûrement déjà ressenti cela. Paradoxalement, André S. Labarthe et Jacques Rivette, qui aiment le travail du montage, font aussi partie des cinéastes qui

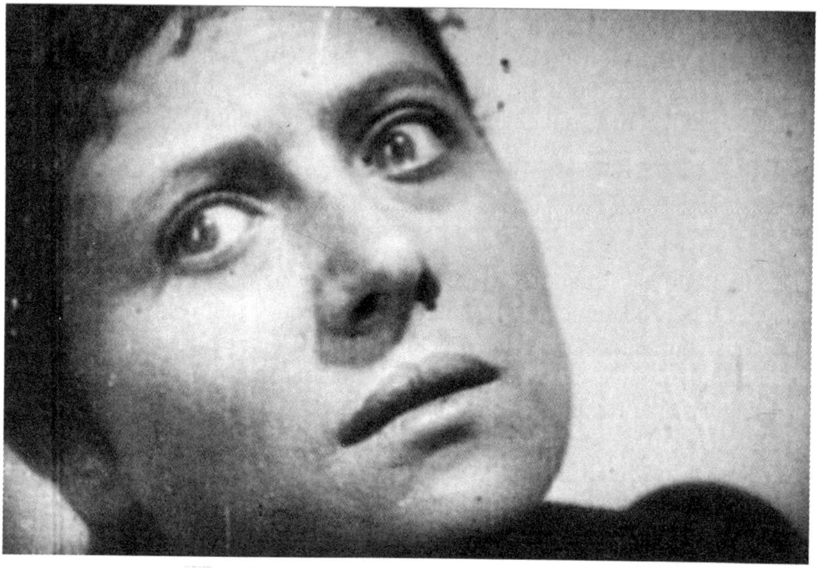

Falconetti dans *La Passion de Jeanne d'Arc*

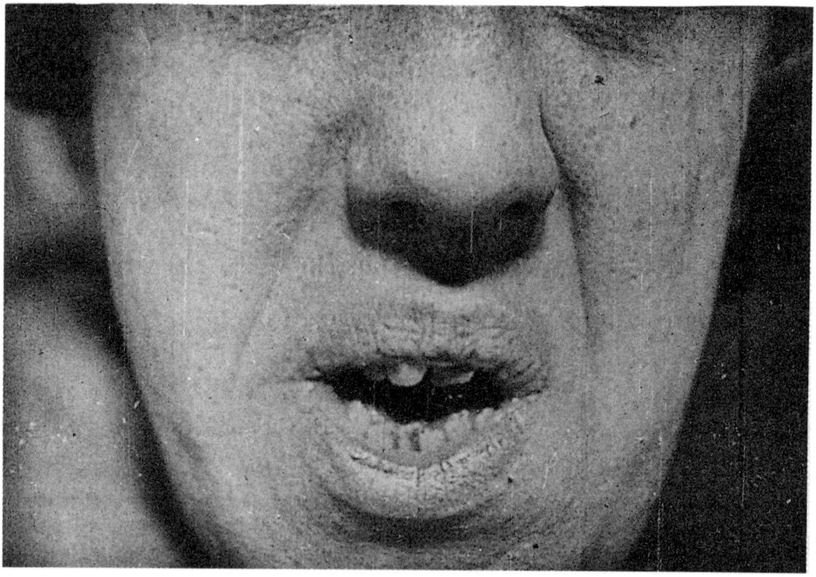

Michel Simon dans *La Passion de Jeanne d'Arc*

Anna Karina dans *Vivre sa vie*

Observez les visages de Cauchon, Massieu, Loyseleur, etc., que Dreyer oppose au visage de Jeanne. Ce ne sont pas des contrechamps, ce sont des miroirs. Ce qui explique, probablement, la curieuse manière dont les plans sont articulés entre eux. Le seul contrechamp possible au visage de Jeanne, à ce regard qui ne sonde que le vide, c'est le spectateur. C'est ce qu'a compris Godard, comme il a compris qu'opposer le visage de Falconetti à celui de Karina c'était mettre en évidence le dernier grand axe qu'un montage digne de ce nom devrait prendre en considération : celui qui va permettre au spectateur de donner son sens au film.

André S. Labarthe

aiment les *rushes* et les versions longues des films. Quelquefois, surtout dans les documentaires ou dans les fictions modernes, c'est le fait même de couper qui est problématique. Lorsqu'on se dit « Pourquoi couper là ? » on en vient vite au « Pourquoi couper ? ».

Selon Yann Dedet, il arrive un point du montage, démontage, remontage, où on a l'impression que « ça va pour le moment ». Ce qui ne signifie pas que tous les films atteignent ce point. Certains films manquent de « fini ». Certains films s'arrêtent au « premier montage », alors que les finitions sonores — elles viennent en dernier — comptent tellement pour l'acceptation du film par le public.

Le premier montage, même s'il se présente bien, n'est qu'une esquisse, il faut le travailler, « *l'accoucher de son rythme propre* », comme dit Agnès Guillemot.

Previews et projections

On peut reprendre un film en principe jusqu'au mixage, en tout cas avant de l'envoyer au laboratoire (1) pour les différents travaux (report optique du son mixé, montage du négatif, étalonnage et tirage des copies), très importants puisqu'ils déterminent la qualité matérielle du film que verront les spectateurs.

Il est arrivé à Jean-Luc Godard de reprendre ses éléments — on parle en effet d'« éléments de mixage » à propos des différentes bandes-son montées — après un mixage, comme Gustav Mahler, dit-il, qui reprenait ses partitions après les avoir jouées une fois.

Aux États-Unis, *les previews* ou projections-tests se pratiquent couramment (2). Le film est projeté dans une salle de cinéma à des spectateurs à qui l'on demande de répondre à un questionnaire. En fonction des réponses

1. Au cours du montage, le monteur est souvent en rapport avec le laboratoire et il importe qu'il connaisse les différents processus du traitement de la pellicule. L'apprentissage du montage passe par un stage dans un laboratoire, obligatoire pour obtenir la carte professionnelle délivrée par le Centre National du Cinéma.

2. Les previews pour un vrai public ont commencé au moins en 1914 à la Mutual (Los Angeles), mais ce système coûtait cher, entraînant réécriture et retakes (plans re-tournés). Après 1925, Irving Thalberg fit des retakes une part permanente du processus et du budget à la MGM, mais c'était une exception par rapport aux autres compagnies qui ne les pratiquaient pas systématiquement. Cf. *The Classical Hollywood Cinema, op. cit.*

et des réactions de ce public, le montage est ensuite modifié. Parfois plusieurs fois.

Frank Capra avait eu l'idée, pour obtenir un compte-rendu objectif de ces projections, d'enregistrer les réactions du public, et il reprenait son film en fonction de cette bande magnétique, « *tel un tailleur décousant une veste pour la retailler en fonction de ses marques à la craie...* ». Il raconte également dans son autobiographie (3) comment les rires lors d'une projection de *Pocketful of Miracles* laissaient présager un succès immense, et comment le film fut un échec retentissant à sa sortie.

Récemment, David Cronenberg a montré *Faux Semblants* à un public plus réduit (une trentaine de personnes), à qui il était demandé de donner son impression sur le film. « *Quand on connaît le film par cœur, on pense que tout est évident et on peut perdre de vue ce qu'on est en train de faire* » (4).

Sans l'assimiler au rôle des *previews* dans le système hollywoodien, on peut évoquer celui des projections que certains réalisateurs font en cours de travail. Il ne s'agit pas tant de s'en remettre à des avis extérieurs (mais proches), que de faire le point. Par exemple, Yann Dedet et Patrick Grandperret aiment que les films qu'ils montent ensemble bougent. Donc ils les font, les projettent, les défont, les refont, etc.

Jean Rouch, qui devait faire une version courte de *Petit à petit* (1970) et hésitait sur les parties à enlever, suscitait des avis, mais comme ils étaient différents, cela ne facilitait pas sa décision.

Il est en effet difficile d'avoir une vision non partielle et non partiale, et c'est précisément celle que doit avoir le monteur. Bien sûr, lui aussi en passe par le stade de l'obnubilation par rapport à ses raccords : faire la chasse aux « petites images qui traînent », mais le plus important, c'est d'avoir l'esprit suffisamment neuf pour sentir si le film respire bien du début à la fin.

Alain Resnais ne montre ses films que terminés, en copie standard, sauf raison précise : au musicien pour la musique, aux acteurs pour le doublage. Il considère, par exemple, que tant que la musique n'est pas composée et montée, lui-même ne sait pas comment sera le film. Comment d'autres pourraient-ils le savoir ?

---

3. *Hollywood Story*, Ed. Ramsay, 1985.
4. *Cahiers du cinéma* n° 416, février 1989.

Reprendre un film après le mixage

Il est des cinéastes — rares — qui reprennent leur film une fois mixé (5). Jean Rouch raconte qu'il montait *Maîtres fous* avec Suzanne Baron, qui venait de travailler avec Jacques Tati. Un jour, dans leur petite salle de montage du côté de l'avenue de Messine, il voit arriver Monsieur Tati, comme l'appelait Suzanne Baron, qui lui demande s'il peut utiliser leur salle le soir, lorsqu'ils ont fini de travailler. Bien entendu. Jacques Tati arrivait donc le soir, s'asseyait dans un coin tandis que Jean Rouch et sa monteuse finissaient leur travail, puis Jean Rouch partait. Un jour, il demande à Jacques Tati sur quoi il travaille. Jacques Tati lui répond : « *Sur* Les Vacances de Monsieur Hulot. » Le film était dans les salles depuis quatre mois. Jacques Tati a alors expliqué à Jean Rouch sidéré que, formé au travail de scène, de mime, il savait qu'il fallait au moins trois mois de spectacle pour être au point, et qu'à son avis c'était pareil pour les films. Jacques Tati et Suzanne Baron avaient deux copies du film, une sur laquelle ils rajoutaient trois images par ci et en coupaient deux par là, en fonction des réactions des spectateurs. Ils laissaient l'autre copie dans la salle où le film était projeté, le temps de faire ces modifications. Ensuite, ils venaient voir si le film marchait mieux. Progressivement ils « *gagnaient la partie* ». Cela a beaucoup marqué Jean Rouch.

Pour David Wark Griffith, qui venait également du théâtre et des représentations de troupe ambulante, un film n'était jamais terminé. Il a amendé aussi longtemps qu'il l'a pu le montage de ses deux grands films principalement (*Naissance d'une nation* et *Intolérance*), qu'il présentait en tournée, éliminant un intertitre s'il avait choqué dans tel État, accélérant une scène dont il s'était aperçu qu'elle « *ne marchait pas* », etc. D'où les difficultés pour les restaurations : quelle version était véritablement sa version ?

Griffith concevait ses films comme partie d'un spectacle total, spectacle très différent des premières projections des frères Lumière, où le cinématographe était l'événement et durait seulement une demi-heure. Griffith réglait lui-même la musique et le spectacle qui allait avec ses films. Il les accompagnait. Avant de diffuser ses films, il travaillait beaucoup leur montage, en

5. Bernard Eisenschitz cite quatre films qui ont eu la Palme d'Or à Cannes et dont le montage a été retravaillé après le Festival. *Kagemusha* d'Akira Kurosawa, et *La Mission* d'Arthur Joffé avaient été terminés en catastrophe, *Le Tambour* de Volker Schloendorff et *Paris, Texas* de Wim Wenders ont été raccourcis. Ces quatre films duraient plus de deux heures, ce qui explique peut-être des difficultés de montage.

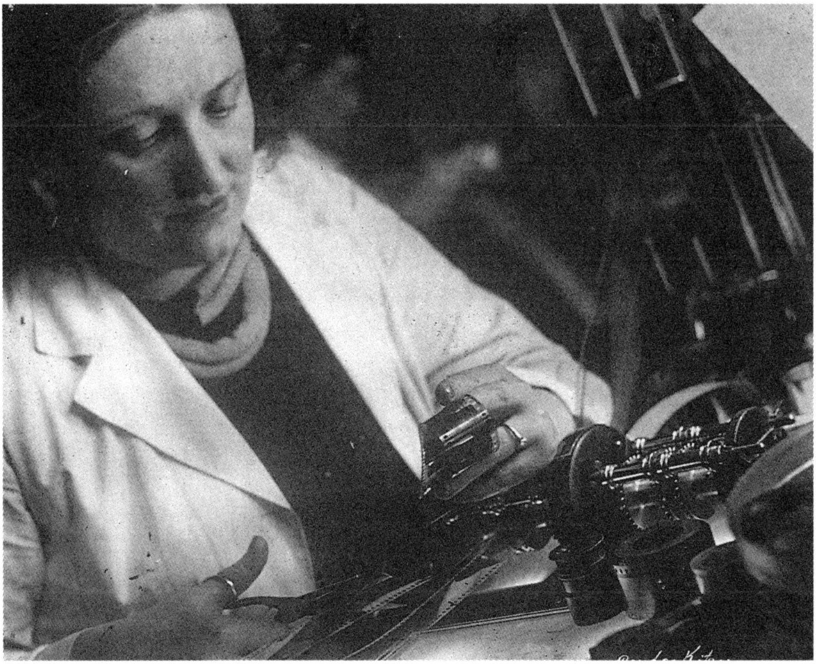

Au laboratoire.

projection. Il faisait venir des spectateurs, et en fonction de leurs réactions modifiait certaines choses, tout en restant très ferme sur d'autres, pourtant mal reçues. Rappelons qu'il fut, par exemple, traité de fou lorsque, pour la première fois, il coupa le corps des acteurs en ne cadrant que leur visage en gros plan.

Souvent les cinéastes, lorsqu'ils revoient leur film quelques mois après la fin du montage, sont frappés par quelque chose qui ne « colle » pas (pour *Maîtres fous*, par exemple, un plan en trop à la fin et le dernier commentaire), et sont partagés entre le désir de faire des corrections et les difficultés qu'elles entraîneraient — concrètement, il faudrait que le monteur soit disponible, et ces modifications sont difficiles à exécuter sur la copie avec son optique, donc il faudrait reprendre les éléments du mixage, re-mixer, re-faire les travaux de laboratoire… En plus, il y a le risque, en touchant à une partie du film, de rompre l'équilibre ailleurs. Jean-Daniel Pollet, par exemple, sait qu'il y a des longueurs dans son film *Contre-temps* (1989), mais n'est pas certain de celles qui pourraient être supprimées sans nuire à l'ensemble. Mieux vaut ne plus y toucher. C'est fait. Ce film est fait, il est comme il est. C'est le moment de penser au suivant.

Reprendre un film longtemps après sa finition est encore plus impossible. Adolfo Arrieta, qui, en 1988, a raccourci plusieurs de ses films et coupé la moitié de *Grenouilles*, est l'exception à cette règle. Il est difficile en effet de retoucher une œuvre qui porte les traces du temps. Les films appartiennent à une époque, à un air du temps — du point de vue de la forme (façon de filmer, style du cadrage, du montage, etc., évolution des techniques), et du contenu (ce que l'on filme, le jeu des acteurs, leur façon de s'habiller, de parler ; les lieux qui changent, etc.).

Grigori Kozintsev a raconté (6) comment, en revoyant son film, *La Nouvelle Babylone* (1929) en 1958, il eut envie de se glisser dans la cabine de projection, de couper les redites, les séquences gratuites, les raccourcis outranciers, de retourner quelques scènes simples qui lui paraissaient manquer à la clarté de l'ensemble, et comment il renonça finalement à cette idée : « *Incontestablement, tout deviendrait meilleur… Une seule chose, me semblait-il, allait disparaître du film : l'époque.* »

---

6. Cf. *Cahiers du cinéma*, n° 230, juillet 1971.

6. Monter aux marques
Garder une distance, avoir une vue d'ensemble

Monter à la table s'oppose à monter aux marques ou monter « à côté ». Selon Jean-Luc Godard, dans un entretien donné aux *Cahiers du cinéma* en 1967, à part lui-même, seuls Serguei M. Eisenstein et Alain Resnais montaient directement. Même si elle est exagérée, cette affirmation vaut pour la profession en général, qui pratique le montage en deux temps et en deux lieux.

Dans un premier temps, le chef-monteur, en collaboration avec le réalisateur, fait les marques de début et de fin des plans sur la pellicule, au fur et à mesure qu'elle passe sur la table. Ensuite, et à côté, un assistant coupe la pellicule aux marques ainsi faites au crayon gras, en prenant soin de ne pas désynchroniser l'image et le son. Le chef-monteur voit le résultat ensuite.

L'autre méthode consiste à exécuter soi-même immédiatement les coupes, à la table, et donne la possibilité d'en voir tout de suite le résultat.

Jean Rouch a éprouvé les deux méthodes. Pour *Chronique d'un été*, Jean Ravel procédait sur ce film, pourtant sonore et même synchrone, comme Léonide Azar qui l'avait formé, un peu comme dans le cinéma muet. Il regardait la séquence sur la table (en 35 millimètres) et faisait une marque approximative de fin du premier plan. C'était la clé pour aller chercher le début du plan suivant — chercher à l'œil, sur les photogrammes l'endroit de la coupe. Puis il faisait sa deuxième marque et rectifiait la première. Il procédait par approximations successives de photogrammes, tout en connaissant le texte, très important dans ce film. Il donnait les bobines à couper à son assistant et revenait le lendemain. Il avait alors la distance pour voir son montage. Cette distance, cette vue d'ensemble, est très importante au montage. Chaque monteur invente, en fonction des films sur lesquels il travaille et des réalisateurs de ces films, des « trucs » ou des méthodes pour concilier la vigilance par rapport à la conception d'ensemble et la fabrication la plus précise et consciencieuse des détails.

Jacques Comets reconnaît que la réalité du montage c'est « *se coltiner des images et des sons pour ce qu'ils sont et ce qu'ils disent* ». Selon lui, le monteur est un des musiciens de l'orchestre, et même si tout a été parfaitement écrit, même s'il connaît parfaitement sa partition, *il y a toujours quelque chose à faire au montage*. Chacun a sa sonorité, et s'il décline les mêmes notes qu'un autre monteur, cela ne fera pas forcément le même son. Le plaisir est là de choisir, en fonction de ce qu'on est et de ce qu'on aime,

La table du *chef-monteur*.

La place, *à côté*, de l'assistant(e).

entre les différentes possibilités de passages d'un plan à un autre et de maîtriser les effets que l'on veut produire.

Patricia Mazuy pense qu'aucun technicien n'est irremplaçable et qu'un film est vraiment le film du metteur en scène. Au montage, il y aurait, selon elle, différentes façons — en fonction des différentes personnalités — d'arriver à un seul point : « *Il peut y avoir des rapports qui font avancer le travail, et qui permettent aux choses de se dégager plus vite, mais quand un film a trouvé son rythme, c'est vraiment le rythme du réalisateur.* »

Au montage, contrairement à la prise de vues, où il y a un instant à saisir et où il faut aller vite, on dispose d'un temps de réflexion, qui implique — il y a l'envers des choses — de savoir être patient. Le temps qu'on a au montage travaille pour vous. Des idées étaient en vous, elles viennent petit à petit à la surface, elles arrivent au bon moment. La conviction se fait de l'intérieur. Des choses apparaissent, qui n'apparaissaient pas avant, et des solutions qu'on essaye dévoilent des choses qu'on n'avait pas vues. C'est l'une des plus grandes joies du montage, de trouver brusquement quelque chose de *sidérant*, par exemple dans le déplacement d'un plan qui change toute une séquence, à quoi on n'avait pas pensé, et qui semble tout d'un coup *évident*.

Quelquefois on ne voit pas, parce que c'est trop près. Un peu comme lorsqu'on cherche partout un stylo qui était sous vos yeux et qu'on le retrouve lorsqu'on a abandonné la recherche. Yann Dedet s'étonne de cette *évidence*, qui n'est pas évidente à trouver, et même pas évidente à rationaliser. « *Avec Stévenin, la solution, parfois, consiste à surcharger, puis à redégraisser. Un jour, on se rend compte que c'est l'ordre des plans qui ne va pas. Il suffit d'en ré-inverser deux et cela change tout. C'est cela qui est fou. Dans une séquence de huit plans, pourquoi ne pense-t-on pas plus tôt à inverser, par exemple, le troisième et le cinquième ? Huit plans, cela fait pas mal de possibilités, mais pas tant que cela. Le premier et le dernier apparaissent vite. Le nœud de la séquence aussi. Eh bien non, ce n'est pas si simple que cela. Quand c'est fait, on a l'impression que c'est évident. Pourquoi n'y a-t-on pas pensé plus tôt ? […] D'autres fois, on sent confusément que cette séquence serait mieux avant telle autre, et on ne peut pas en donner la raison. Après avoir essayé cette inversion, on peut peut-être l'analyser, trouver une raison, en général un peu plaquée, qui n'exprime pas vraiment…* »

Agnès Guillemot est, elle aussi, tout à fait consciente de l'importance d'avoir des vues d'ensemble, d'où son travail avec les partitions. Elle dit que dans le montage *elle va de l'ensemble à l'ensemble*. Elle ne peut pas monter les séquences une par une, indépendamment de la structure de l'ensemble. Des détails peuvent être très beaux en soi, s'ils ne sont pas conformes à l'architecture du film, ils ne servent à rien. Lorsqu'un film a été vraiment pensé, cette structure d'ensemble est déjà perceptible dans le premier bout à bout. Si ce n'est pas le cas, Agnès Guillemot essaie de « faire rendre l'âme » au film. On ne fait pas un raccord dans l'absolu, et lorsqu'on en fait un, il remet en cause les précédents. Elle croit aux ondes d'émotion et de rythme qui passent d'un plan à un autre, et qu'on ne peut pas prévoir dans l'abstrait. D'où la nécessité des retouches, qu'elle exécute elle-même au fur et à mesure.

On comprend comment cette conception du montage comme processus tactile de construction entraîne d'une part la nécessité et le plaisir d'exécuter le travail soi-même, d'autre part le désir de le faire avec le réalisateur. Et il est beau que des monteurs trouvent le ou les réalisateurs qui leur conviennent, et réciproquement. Je pense à Jean Cocteau pour Jacqueline Sadoul, Jean Rouch pour Josée Matarasso, Jean-François Stévenin pour Yann Dedet, et Jean-Luc Godard pour Agnès Guillemot.

Dans ce dernier cas, c'est sans doute l'aptitude à utiliser tous les événements sans perdre un seul instant la vue d'ensemble — ce qu'on appelle improviser — qui les a rapprochés. Un seul exemple lié au son : dans *Une femme est une femme*, film dans lequel Godard a dû mélanger son direct et doublage — ce qui l'ennuyait beaucoup — dans la scène où Anna Karina regarde son petit appareil pour la contraception, chaque fois qu'elle est doublée il y a de la musique, chaque fois qu'elle parle en son direct, il n'y en a pas. Ce principe ponctuel, né du matériau, a établi une rythmique qui s'est avérée bénéfique pour le film.

Agnès Guillemot reconnaît n'être handicapée par aucune règle technique, aucune règle établie — excepté celle des 180 degrés, qui, si on ne la respecte pas, fait dire au film le contraire de ce que l'on veut dire. Elle se permet tout, elle ose tout. Godard lui a appris cette liberté, cette « *affaire de morale* », beaucoup plus profonde que des règles.

Avant d'insister sur cette liberté, qui me semble le concept fort du montage, voyons quelles en sont les règles éventuelles — à transgresser.

7. Règles, conseils, « trucs »

Comme le dit William Hornbeck (1), on ne peut apprendre à monter à personne, on peut seulement donner des conseils et des trucs. Ensuite, c'est à chacun d'utiliser sa faculté de jugement. S'il y avait des règles, il suffirait d'en faire un livre, et tout le monde pourrait devenir monteur.

A titre d'exemples pour le lecteur, citons quelques conseils prodigués par un ciné-guide intitulé *Comment monter un film ?* paru dans sa traduction française en 1952. « *Il y a très peu de règles qui soient sans exception.* » Cette maxime est suivie d'une exhortation à l'enthousiasme et à l'inspiration. « *Une tromperie judicieuse est un atout précieux de l'art du cinéma [...] l'assistance devant être tenue dans l'attente et la surprise. [...] Vous devez être toujours prêt à réagir contre les images inutiles d'un film. [...] L'esprit critique est la condition essentielle d'un montage réussi.* »

L'attention du monteur est attirée sur trois problèmes fondamentaux : trouver le meilleur endroit pour le changement d'angle ou de distance de la caméra, accorder les mouvements d'image en image, juger du temps pendant lequel une vue peut rester sur l'écran.

Quant aux « trucs », il est conseillé, par exemple, pour les raccords dans le mouvement (raccords de portes, entre autres) que le mouvement du personnage soit légèrement plus avancé au début de la deuxième prise de vue qu'à la fin de la première.

Ouvrons maintenant un livre plus ambitieux, *The Technique of Film Editing*, de Karel Reisz (2). D'abord publié en 1953, il a été mis à jour quinze ans après par Gavin Millar, la « technique du montage » ayant évolué avec l'écran large, le cinéma-vérité, la Nouvelle Vague et le cinéma d'auteur

1. Dans *The Parade's Gone by*, *op. cit.*
William Hornbeck est, au moment de l'enquête de *Film Comment,* le monteur le plus admiré de ses collègues. Enfant de la balle, né en même temps que Hollywood (en 1901), il passe par le travail du laboratoire et de la projection, avant d'être monteur, puis à vingt ans chef du département montage de la Keystone Company, le seul à comprendre les directives de Mack Sennett. Il est monteur-superviseur de 1935 à 1940. Collaborateur de Zoltan Korda, il a une influence importante sur le cinéma anglais. Plusieurs fois nominé pour le montage de films de Frank Capra, de Robert Wise, de George Stevens, il reçoit un Oscar pour *A Place in the Sun* (Stevens, 1951), dont il se montre très fier, et dont les longs fondus entre les très gros plans l'ont rendu célèbre. Il a également monté trois films de Joseph Mankiewicz.
2. Cinéaste, un des fondateurs du Free Cinema en réaction contre le caractère conventionnel de la production anglaise des années cinquante. Parmi ses films, les plus connus en France sont *Saturday Night, Sunday Morning* (1960) et *La Maîtresse du lieutenant français* (1981).

des années soixante. Ces têtes de chapitre signalent qu'à l'exception d'une seule technique, l'évolution du montage est liée à des bouleversements beaucoup plus vastes, et qu'on ne peut l'envisager en dehors de l'histoire du cinéma, des films, « écoles », vagues et courants, etc. — eux-mêmes inscrits dans telle période de l'Histoire.

Dans la deuxième partie de *The Technique of Film Editing*, l'affirmation d'Eisenstein, selon laquelle une coupe « douce » est une occasion gâchée, est citée en réponse à l'éloge de la « *smoothness* » (3) par Karel Reisz dans la première partie du livre. Le principe est posé que les spectateurs n'annihilent pas forcément leurs facultés mentales en achetant un billet de cinéma, qu'ils peuvent avoir envie de revoir un film, et apprécier des ellipses. Un film comme *La Corde* d'Alfred Hitchcock, qui se privait du montage et d'éventuels raccourcissements de mouvements inutiles en montrant l'action du début à la fin dans sa continuité, est jugé ennuyeux.

Continuité, « smoothness »

Vingt ans après cette deuxième édition, l'on pourrait avancer l'hypothèse que l'histoire du montage et de ses techniques peut être vue à partir de la question de la *continuité*. On trouve des éléments qui vont dans ce sens dans le livre de Kevin Brownlow, où le chapitre sur le montage intitulé « le pouvoir caché » dit l'importance du montage, que seul le réalisateur connaît, le spectateur croyant le plus souvent qu'il s'agit seulement de coller les plans bout à bout. Ce qui était le cas au début du cinéma : on collait les plans et on insérait des intertitres. Selon Kevin Brownlow, ce sont les comédies qui ont permis de rompre avec le théâtre filmé : il fallait aller vite pour faire rire, donc on coupait dans l'action avant que le champ se vide. Vers 1914, les drames ont commencé à suivre ce rythme. « *Le montage rapide ne fut pas une invention consciente mais une évolution logique.* » Le cinéma était un jeu, qui est devenu de plus en plus plaisant et élaboré. Le montage rapide n'est pas forcément un bon montage, les difficultés ne sont pas forcément résolues en accélérant le rythme, mais au moins ce montage rapide a métamorphosé le film dramatique. Autour de 1914-1915, les plans se suivaient dans l'ordre plan général, plan moyen et gros plan. *Naissance d'une nation*

3. Notion-clé du montage classique, que l'on pourrait traduire par douceur, égalité de surface, qualité de ce qui est lisse.

fut le premier film à exploiter les possibilités du montage, d'une façon parfois frénétique. Mais le montage de Griffith manque, selon Kevin Brownlow, du vernis que Hollywood mettra au point par la suite. « *Griffith concevait un montage complexe et étonnant, mais au moment de le mettre à exécution, on a l'impression qu'il perdait intérêt. Très méticuleux au tournage, il se moquait des faux raccords. Un plan général ensoleillé pouvait être suivi d'un plan gris, un soldat sortait son épée, il la sortait à nouveau dans le plan suivant.* »

Toujours selon Kevin Brownlow, Jimmy Smith, le monteur de David Wark Griffith, regrettait la façon dont il tournait ses gros plans. Griffith tournait d'abord en plan général, ensuite, en projection, décidait des endroits où il voulait insérer des gros plans, et allait les tourner. Mais souvent, tournés ainsi de mémoire, ses gros plans ne raccordaient pas, par exemple dans la vitesse du jeu des acteurs. On peut imaginer, au contraire, que cette absence de raccord entre les gros plans artistiques sur fond noir et les autres était voulue par Griffith.

Louis Delluc (cité par Georges Sadoul), par exemple, remarquant que de l'image rapprochée à l'image éloignée du même personnage dans le même mouvement, Griffith ne gardait pas le même geste, en a conclu que c'était pour suivre l'idée du personnage plutôt que le détail de ses actes. Il a pu, à ce propos, parler de « raccord moral » remplaçant le raccord visuel. Il a également dit que « ... *la manière de Griffith, âpre et énervante, se renforce de ce procédé. Le spectateur subit inconsciemment une sorte de choc à chaque changement d'image et cela l'entretient dans cette atmosphère d'anxiété, voire d'irritation, par quoi Griffith prépare ses péripéties* ».

Les auteurs de *The Classical Hollywood Cinema* confirment le caractère exceptionnel des méthodes de travail de Griffith à une époque où le cinéma se standardisait économiquement et narrativement. Griffith a eu la possibilité de contrôler ses conditions de travail jusqu'en 1925. Par exemple, de prendre le temps de répéter avec les acteurs et d'improviser à partir d'un scénario général (comme Chaplin jusqu'au *Dictateur*, 1940), alors que les réalisateurs se voyaient imposer le scénario découpé (*continuity script*). C'est donc tout à fait consciemment qu'il n'a pas adopté la pratique courante de tourner les gros plans juste après les plans d'ensemble, en rapprochant la caméra.

Ainsi pourrrions-nous voir dans les films de Griffith, non seulement les fondements du découpage classique américain, que tous lui accordent, mais aussi les vertus modernes, des « faux » raccords. Vision téléologique, certes, mais l'important au montage n'a-t-il pas toujours été la liberté que cinéastes et monteurs prenaient, ce à quoi ils décidaient ou non d'attacher de l'importance ? Et même si certains contemporains trouvaient que parfois les films de Griffith étaient « mal montés », tous l'ont imité.

Pour les jeunes cinéastes soviétiques des années vingt, pour Eisenstein en particulier — qui ira plus loin dans l'art de jouer sur les changements de plan, il en fera des *conflits*, dès *Potemkine* (1925) —, le montage de Griffith est une « *révélation* ». « *La curiosité pour la construction et la méthode nous fit découvrir où se cachait l'un des facteurs de l'emprise des films de Griffith. On le découvrit dans un domaine jusqu'alors peu connu dont le nom nous était familier non pas en art mais en construction mécanique et dans l'industrie électrique, et qui nous parvenait pour la première fois dans le secteur le plus progressif de l'art, dans le cinéma, le montage* » (4).

D'une façon générale, dans le cinéma muet, les films prenaient forme au montage, d'autant qu'il n'y avait pas de raison physique pour ne pas couper pratiquement partout. Griffith était connu pour improviser et pour beaucoup tourner, il accumulait une matière pour le montage.

Selon Karel Reisz, — je raccourcis énormément et ne traduis de son livre que ce qui intéresse mon hypothèse —, le sonore a entraîné des méthodes narratives plus rapides, ne serait-ce qu'en supprimant la nécessité des présentations de début de séquences.

Il est certain que l'invention du sonore a bouleversé le cinéma et le montage. On ne peut pas dire qu'il manquait le son à *La Terre* (Dovjenko), à *Octobre* (Eisenstein) ou à *Intolérance* (Griffith). C'était autre chose. Pour aller vite, rappelons que le cinéma muet jouait sur l'abstraction et sur le magnétisme visuels. Le son introduit une dimension plus réaliste — « *Le doux poison du montage audiovisuel* » (Eisenstein) — que des cinéastes mettent en cause, manifestant leur intérêt pour le son au détriment de la parole, pour la dissociation au détriment du synchronisme (5).

Mais concrètement, le cinéma sonore coûtait plus cher, et la recherche, particulièrement l'accumulation du matériau pour l'invention au montage, est devenue moins courante. Le cinéma s'est alors standardisé dans le sens de la *smoothness*.

---

4. Le cinéma allemand n'a pas marqué les cinéastes soviétiques, sans doute pour des raisons, une fois encore liées, de fond — ce cinéma était trop fantasmagorique —, et de forme : Karel Reisz note que ce sont les Allemands, et particulièrement Pabst, qui ont essayé les premiers de faire des films plus liés, de prévoir des coupes sur des mouvements, afin qu'elles soient moins visibles.

5. Eisenstein, Alexandrov, et Poudovkine signent le célèbre *Manifeste sur le contrepoint sonore*, en 1928. Dziga Vertov avait une position plus nuancée sur la question : « *La concordance ou la non-concordance des images et du son n'est nullement obligatoire, pas plus pour les documen-*

Principes élémentaires

Karel Reisz énonce dans son livre des principes élémentaires, qui peuvent donner au lecteur une idée des difficultés concrètes qui se posent à tout instant au montage, et que l'on résoud en fonction de chaque film, avec son intuition et son expérience, avec sa « science des effets ».

Un rythme rapide n'est pas forcément synonyme d'intérêt ni un rythme lent d'ennui. Chaque plan doit être intelligible. Il n'y a pas de *longueur* identique pour tous les plans, les facteurs à prendre en compte sont : la grosseur du plan, son contenu et son mouvement, le contexte étant déterminant, par exemple un plan montrant un lieu ou un personnage qu'on a déjà vu ou non.

L'impression de *vitesse* n'est pas forcément donnée par des plans coupés très courts, mais par des variations de rythme, le contraste entre des passages rapides et des passages plus lents créant une impression d'accélération. La coupe dans un moment de repos de l'action, après ou avant un mouvement, est préférable.

Le tempo du tournage, le tempo de la parole ou des gestes des acteurs doivent être respectés. Ce respect des performances des acteurs est souvent un guide pour le montage. Karel Reisz cite l'exemple extrême de *La Reine Christine* (Rouben Mamoulian, 1933), dont le montage doux, de plus en plus près de Greta Garbo, est concentré sur la star et non sur la situation dramatique.

Le monteur doit veiller à ce que les plans soient *raccord*. Par exemple, un plan d'ensemble d'une pièce où un feu brûle dans la cheminée ne peut suivre un plan moyen de la cheminée vide

Les raccords doivent tenir compte de la lumière, pas de *saute*, ici non plus.

Lorsque l'on passe d'un plan général à un plan rapproché et que le raccord est fait sur le geste d'un acteur, il est bon de couper juste avant le geste, afin que le spectateur voie son effet de plus près.

Pour les raccords dans le mouvement, Karel Reisz conseille de couper au même moment du mouvement, sans redoubler ni ellipser, le plus difficile

taires que pour les films joués. » Karel Reisz voit comment le son peut être utilisé en opposition au visuel, mais, selon lui, le spectateur ne doit pas être au courant de cette dissociation. Selon lui, en effet, le travail du montage-son va dans le sens du liant, par exemple, le chevauchement de son dans une scène de dialogue fait passer la coupe en liant les deux plans. Un son qui souligne une « mauvaise coupe » peut également la faire passer (oublier), par exemple, un claquement de porte sur la collure. Un son peut encore anticiper un raccord.

étant de déterminer à quel moment du geste faire la coupe. Il prend l'exemple d'un personnage assis à une table, qui approche sa main d'un verre qu'il porte à ses lèvres. Trois raccords sont possibles, du moins bon au meilleur, selon lui : dans le mouvement vers la bouche ; après le mouvement de la main qui a saisi le verre et avant celui qui porte le verre à la bouche, c'est-à-dire entre deux mouvements distincts, chacun vu d'une façon différente ; enfin, avant le premier geste, c'est-à-dire entre l'immobilité et le mouvement. Cette troisième possibilité est la meilleure dans le cas d'un raccord entre un gros plan et un plan moyen : au moment où l'acteur amorce son mouvement, le spectateur voudra voir la suite, et appréciera le passage à un plan plus large. S'il s'agit d'un raccord entre plan moyen et gros plan, on choisira le moment où la main entre dans le gros plan. Parmi les règles de base, on peut rappeler celles qui consistent à ne pas changer de plan s'il y a très peu de différence entre les deux plans au niveau de la grosseur et de l'angle, et à respecter les directions de regard ou de mouvement des différents personnages dans les champs/contrechamps, dans les entrées et sorties de champ.

Le chevauchement d'un son donne un montage plus souple que le changement de plan *cut* (6). Une séquence introduisant un nouveau lieu devrait commencer par établir la relation entre les acteurs et ce lieu, donc par un plan d'ensemble. *A contrario,* l'ouverture en plans rapprochés de *Louisiana Story* (Robert Flaherty, 1948) confère une qualité de mystère aux marais.

Karel Reisz reconnaît que ce sont là des règles mécaniques, et qu'il faut surtout que la coupe soit nécessaire dramatiquement sinon, même « douce », elle sera dure à passer. La question principale est de déclencher le changement de plan. Savoir non seulement couper des moments inutiles, mais aussi faire arriver les choses au « bon » moment. Selon le moment de la coupe, le passage, par exemple, d'un plan moyen à un gros plan peut créer un suspense ou une surprise. Dans l'exemple du verre, choisi par Karel Reisz, où il s'agit d'un empoisonnement, le monteur a fait le raccord avant le geste fatal, l'irruption du gros plan créant à elle seule une attente chez le spectateur. S'il

---

6. Le chevauchement du son dans le dialogue (une ou deux images, une syllabe ou un mot) devient la règle dès 1930. Il faut distinguer ce truc technique des chevauchements signifiants. Robert Bresson pratique souvent les chevauchements par l'avant, systématiquement dans *L'Argent*. Déjà, dans *Les Dames du bois de Boulogne*, c'est un des moyens de traduire la toile d'araignée tissée par la vengeance d'Hélène. On entend, par exemple, le son des claquettes de sa victime sur l'image du visage de Maria Casarès.

avait coupé au moment où le personnage porte le verre à ses lèvres, cela aurait créé une surprise.

Malheureusement, l'énoncé de principes tellement généraux que lorsqu'on les a dits on n'a rien dit, et l'examen d'exemples particuliers qui ne se présentent jamais deux fois de la même manière ne peuvent que provoquer la frustration de l'apprenti-monteur.

Il est tout à fait possible que dans un cas de « faux raccord » similaire à celui de la cheminée, l'attention soit attirée par un autre élément du plan et que personne ne voie la cheminée vide. On peut également répondre que les rapports d'opposition font les « meilleurs » raccords, et que le montage qui respecte le mieux un film est parfois celui qui contredit le matériau tourné.

Contrairement à ce que pourrait laisser croire ce qui précède, les monteurs aiment les raccords *impossibles*, les coupes *vicieuses*, et de Jean-Luc Godard à Jean-François Stévenin, en passant par Agnès Guillemot et Yann Dedet, ils ont pulvérisé toutes les règles.

Quant à la longueur des plans et des films, il est difficile de déterminer des critères. Les critères les plus élémentaires comme ne pas ennuyer ni égarer les spectateurs varient selon un contexte plus général de civilisation, de culture, de mentalité et de goût. (Goûts de la beauté, de la netteté, de la vitesse, de la sécheresse, de la douceur, etc.)

Longueur des films

A cause de la rationalisation de la diffusion — horaires des séances de cinéma, créneaux des grilles de télévision —, un film doit avoir une durée standard. Au cinéma, trois catégories sont officiellement définies : le court, le moyen et le long métrage.

La notion-même de durée standard a toujours posé problème à des films trop longs ou trop courts. Est-ce qu'une heure et demie est la « bonne » longueur, correspondant à l'attention moyenne d'un spectateur pour un film de fiction ?

A l'époque où il écrit *Praxis du cinéma* (7), Noël Burch s'interroge sur certaines expériences structurelles qui — entre autres remises en question formelles — ne s'accommodent pas de cette longueur universelle. Dans le

---

7. Éd. Gallimard, 1969.

sens trop court, il cite les films de Marcel Hanoun, et le *Made in USA* de Godard (8), « *artificiellement gonflé* ».

Pour les films longs, on peut citer Jacques Rivette, en France — il persiste, d'ailleurs —, et plusieurs cinéastes aux Etats-Unis. Le deuxième film d'Andy Warhol, *Sleep* (1963), dure les six heures de sommeil d'un homme, par exemple. Shirley Clarke, John Cassavetes, et d'une génération plus jeune, Robert Kramer ont fait des films longs. Selon ce dernier, ce serait une durée plus proche du vécu.

Chaque fois qu'il pense une heure et demie, par exemple pour *Doc's Kingdom* (1989), cela implique une certaine violence du montage, une compression, une calligraphie. Il y a une structure dramatique qui vient presque toute seule. Même s'il ne travaille pas différemment la matière pour des films plus longs, quelque chose dans cette seule donnée de la durée du film ordonne un rythme.

8. Godard dit en effet qu'il a plutôt tendance à « *faire court* ». « *Sa* » longueur serait une heure dix, et au montage il commence par garder les plans tout de suite après le clap, pour ne rien perdre, et il est constamment à « *métrer* », de peur de ne pas arriver à la longueur qui fait partie du contrat.

Vivien Leigh dans *Autant en emporte le vent.*

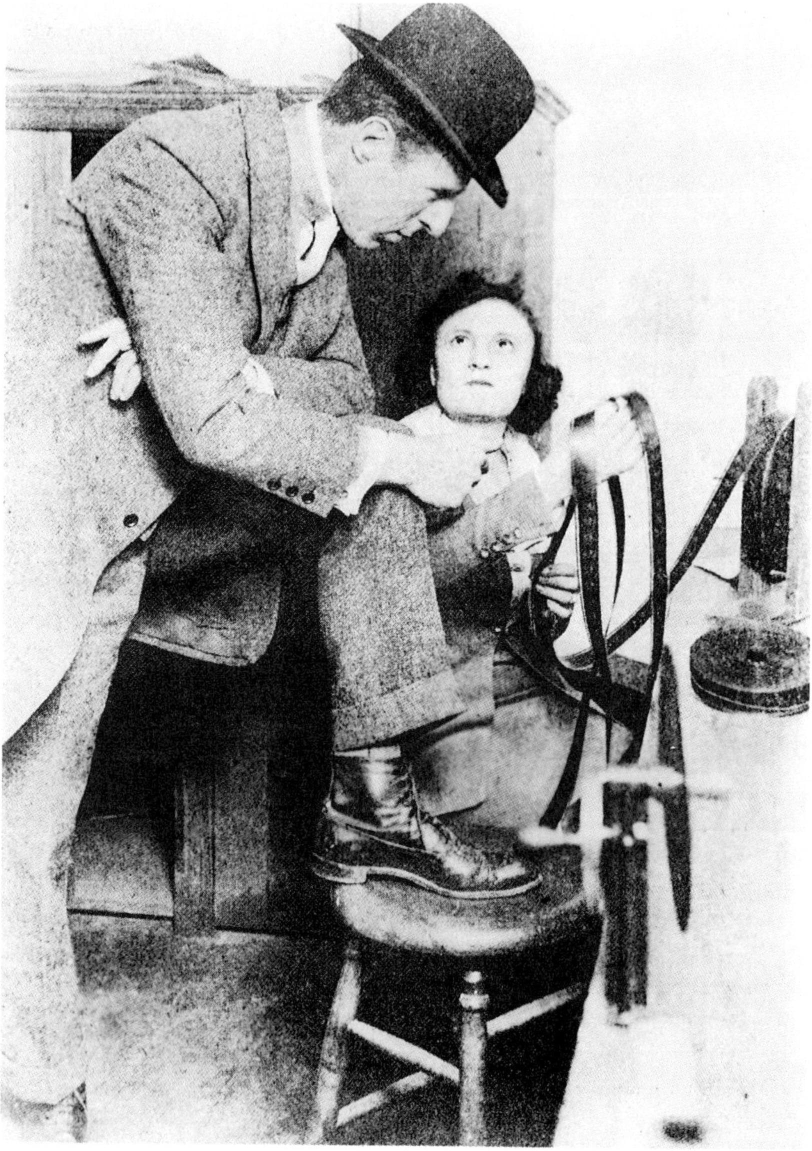

David Wark Griffith et Rose Smith.

III. FLASH-BACK

1. Origines du montage (1).

Les premiers films étaient des films d'un seul plan d'une minute environ, c'est-à-dire de la longueur — dix-sept mètres — que pouvait contenir la boîte réceptrice de l'appareil, cinématographe Lumière ou kinétoscope Edison. Un seul plan souvent sur le modèle de la scène théâtrale ou du tableau, plan *général.* L'appareil non seulement ne bougeait pas mais ne se déplaçait pas.

On constate dans les films de Louis Lumière et de ses opérateurs ce que l'on pourrait appeler un *montage dans le plan,* du fait du choix très calculé de la place de la caméra pour filmer les mouvements d'une scène. Par exemple, *L'Arrivée d'un train en gare de La Ciotat* montre la locomotive qui semble foncer sur les spectateurs, les voyageurs qui montent et descendent, s'approchent de l'appareil et nous apparaissent sous différentes « grosseurs ». Rapidement, du fait du succès de cette nouvelle forme de spectacle, en janvier 1896, Louis Lumière eut l'idée de coller bout à bout quatre films qui constituaient une véritable séquence dramatique : *Sortie de la pompe, Mise en batterie, Attaque du feu, Le Sauvetage.* Et même si dans un premier temps ils durent être projetés séparés par un bref intervalle, ils avaient été

---

1. Cf. Georges Sadoul, *Histoire générale du cinéma*, Denoël, 1977. *The Classical Hollywood Cinema, op. cit.*, et l'émission sur Louis Lumière réalisée par Eric Rohmer pour la Télévision Scolaire (1968), avec la participation de Henri Langlois et Jean Renoir.

pensés comme parties d'un ensemble de quatre fois dix-sept mètres, et furent après le perfectionnement des projecteurs montés sur une seule bande.

Georges Sadoul a donc pu voir en Lumière non seulement l'inventeur de l'appareil cinématographique, mais le premier cinéaste au sens actuel du terme. C'est en effet parce que ses films ont su intéresser les spectateurs que son « invention » a eu un « avenir » contrairement à ce qu'il avait lui-même prophétisé. Grâce à cet intérêt des spectateurs, les films deviennent plus longs. De 1902 à 1908, la longueur des films est variable, mais le film à plusieurs plans devient la norme.

C'est George A. Smith, de Brighton, qui est crédité de l'invention du montage, en 1901 (2). *« G.A. Smith a dépassé l'optique de Lumière, qui est celle d'un photographe amateur animant une seule de ses épreuves, celle de Méliès qui est celle du "Monsieur de l'orchestre" (3). La caméra est devenue mobile comme l'œil humain, comme l'œil du spectateur ou comme l'œil du héros du film »* (Georges Sadoul).

L'invention du montage a surpris, et il a fallu plusieurs années pour qu'il s'impose, avec David Wark Griffith, principalement.

Aux États-Unis, la longueur de mille pieds est adoptée autour de 1908 par les distributeurs et exploitants, ce qui ne va pas sans problème, comme le fait remarquer un critique en 1911 : *« Certains films se terminent de façon abrupte parce qu'ils sont obligés de respecter le* corset de fer des trois cents mètres. » Trois cents mètres, une bobine, mille pieds, soit un peu moins d'un quart d'heure et quinze à trente plans. Il fallait choisir des histoires qui pouvaient être racontées dans cette longueur, et prévoir au scénario la longueur des plans. Les intertitres (4) et le montage alterné (5)

---

2. Un article de Stephen Bottomore paru dans *Sight and Sound* (été 1988) attribue la véritable origine du montage aux cameramen d'actualités qui, avant cette date, interrompaient le filmage d'un événement s'il présentait des moments inutiles, et se déplaçaient pour obtenir un meilleur point de vue.

3. Les personnages sont filmés en pied, comme vus sur une scène par un spectateur assis à l'orchestre.

4. Quelle est l'origine et l'évolution des intertitres ? Selon *The Classical Hollywood Cinema*, les premiers films n'avaient pas d'intertitres. Une action simple était précédée d'un titre d'exposition. Dans un des premiers films à avoir des titres entre les plans, *La Case de l'Oncle Tom* d'Edwin Stratton Porter (1903), ils installaient l'action à venir. A partir de 1911, ils eurent d'autres fonctions comme celle de couvrir les ellipses temporelles. La question s'est posée de la place des intertitres de dialogue : au début, au milieu du plan ? Doivent-ils suivre ou précéder l'action ? Le style, la présentation, et la quantité des intertitres ont évolué selon les périodes. Entre 1913 et 1916, par exemple, le film sans intertitre a pu être l'idéal, puis on s'est aperçu

sont alors utilisés pour raccourcir ou éliminer une action. Dans la période dite de transition entre la période primitive (1902-1908) et la période classique (1917-1960) du cinéma hollywoodien, en même temps que le mode de production s'organise, le modèle de narration, de découpage et de montage se précise. Il y a de plus en plus de coupes entre et à l'intérieur des scènes, pour donner du rythme et pour enrichir la psychologie des personnages. Le long métrage, d'environ soixante-quinze minutes, devient la norme vers 1915, et contient entre deux cent cinquante et quatre cent cinquante plans.

A partir de 1917, les plans sont pris de différents angles, le plan général n'est pas plus important que les autres, les coupes raccordent dans le mouvement, les films ont beaucoup plus de plans : entre cinq cents et mille plans. Griffith note (6) dans un texte publié en 1921 qu'à cette date la plupart des films font cinq bobines, quelques superproductions atteignant dix bobines. Il rappelle que le premier « long » métrage, *The Great Train Robbery* de Edwin S. Porter (1903), faisait mille huit cents pieds. En 1911, lui-même obtient de projeter son film *His Trust* — qui faisait deux mille pieds — en deux fois, comme un feuilleton. Le succès de cette expérience ouvre la voie aux longs métrages. *Judith de Béthulie* (1913) atteint les quatre mille pieds, et ressort trois ans plus tard dans une version de six bobines. *Naissance d'une nation* et *Intolérance* étaient encore plus longs, Lillian Gish regrette dans son livre *Le Cinéma, Griffith et moi* (7) que Griffith les ait raccourcis.

---

qu'ils pouvaient contribuer au climat du film et ne pas se contenter d'un rôle informatif. Anita Loos (dans les courts métrages de Griffith, dans *Intolérance*, puis dans les comédies de Douglas Fairbanks) créa un style littéraire, qui devint une mode. En 1916, les titres sont insérés dans des décors peints (*art titles*), et à partir du milieu des années vingt les titres de dialogue l'emportent. Entre 1915 et 1928, les intertitres représentent environ quinze pour cent du total des plans des films.

5. C'est Griffith qui invente le *cut back*, première appellation du *cross-cutting* ou chassé-croisé. Le montage est dit parallèle s'il implique des relations logiques, par exemple : les pauvres/les riches, sans simultanéité temporelle. Le montage alterné se déroule, au contraire, pendant le même temps. Il a d'abord été lié au suspense des films de poursuite, dès 1906, et Griffith a même donné son nom à ce procédé : « Griffith last minute rescue » (sauvetage Griffith à la dernière minute). La critique d'un film de 1918 reproche à Griffith d'être allé trop loin en mélangeant six situations différentes. Le montage alterné s'est standardisé à deux ou trois lignes d'action, et a été moins employé à partir des années vingt, les scénaristes sachant désormais soutenir l'attention pendant des séquences entières. Dans certains pays, *Intolérance* a été distribué dans une version plus simple. Griffith lui-même en a fait deux longs métrages : *The Mother and the Law*, et *The Fall of Babylon*.

6. Cf. *Cahiers du cinéma*, n° 187, février 1967.

7. Éd. Robert Laffont, 1987.

2. Coupe franche ou cachée ?

Les deux grandes tendances que l'on pourrait dégager dans le montage correspondent à l'opération matérielle de la coupe et de la collure. Couper et recoller les morceaux. Est-ce que l'on cherche à adoucir la coupe, à la *cacher,* ou non ? Qu'est-ce que l'on invente pour faire passer la collure ? Qu'est-ce qui passe dans les collures ?

Et l'on pourrait, par exemple, entendre le mot coupe *franche,* parfois employé, à la lumière de ces questions. Depuis toujours, c'est ce choix qui s'est posé au montage, et l'histoire du montage pourrait se raconter à partir de là.

Montage alterné, fondus-enchaînés

Dans le cinéma muet, le choix se posait différemment, on l'a vu, du fait des intertitres. Les cartons évitaient les rapprochements de plans qui n'allaient pas les uns à la suite des autres. (Je schématise, et ne veux évidemment pas minimiser la subtilité du travail de montage entre le lisible et le visible de certains très grands films.)

C'est le montage alterné, employé par Griffith dès 1908 (1), et développé de façon vertigineuse dans *Naissance d'une nation* et *Intolérance,* qui est devenu *le* moyen du montage. Insérer une action B permet, en effet, à la fois de signifier « pendant ce temps », et de supprimer ce que l'on veut dans l'action A, en évitant la saute A/A'. Le rapprochement A/B/A' /B' n'évite évidemment pas le montage, la question du passage de A à B et du rythme des enchaînements, le plus souvent dans une progression qui s'accélère avec le suspense.

Mais les actions parallèles deviennent une contrainte de récit, à laquelle le *fondu-enchaîné* permet d'échapper (2).

---

1. Griffith a eu l'idée d'employer le montage alterné en dehors des poursuites, où il avait été rapidement adopté. Pour convaincre les producteurs que l'on peut au cinéma passer du plan d'une femme qui attend le retour de son mari à un plan du mari dans un tout autre lieu, au loin, sur une île déserte — *Enoch Arden, After Many Years* (1908) —, Griffith s'est appuyé sur les romans de Charles Dickens. Sur l'origine, en effet, du montage alterné, et l'aspect cinématographique des romans de Dickens — dont il est dit qu'il voyait réellement ce qu'il écrivait, et qu'il entendait chaque mot prononcé par ses personnages —, cf. le texte de Serguei M. Eisenstein, *Dickens, Griffith et nous* (*Cahiers du cinéma*, n° 231 à 234-235, 1971).

2. Griffith invente le fondu au noir ou « effacé », car il trouve que les scènes ne doivent pas toutes se terminer de façon abrupte. Il a d'abord l'idée de placer devant l'objectif de la caméra

C'est ainsi que Bela Balazs, dans *Le Cinéma* (3), salue ce procédé qui à la fois évite la « *maladresse technique* » de la coupe franche entre deux plans différents d'un même personnage, et simplifie le déroulement de l'action, compliqué par les actions parallèles. Le fondu-enchaîné — surimpression effectuée à la prise de vues ou au laboratoire (4), de la fin d'un plan et du début du suivant — permet de passer *lentement* d'un lieu à un autre. *« Nous voyons le récit de l'auteur. L'auteur nous montre que le lieu vient de changer et que le temps s'est écoulé. »*

Dans *L'Esprit du cinéma* (5), déjà, Bela Balazs appréciait cette possibilité *« d'échapper au va-et-vient agité, nerveux, de la scansion des images, et de suivre le destin de notre héros dans le mélodieux legato de la narration »*.

Noël Burch (6) explique que le fondu-enchaîné a d'abord eu une fonction plastique et rythmique, avant de devenir une convention permettant de relier n'importe quels plans, et d'indiquer le passage du temps. L'enchaîné servait à relier « en douceur » un gros plan à un plan d'ensemble ou inversement, à l'intérieur d'une même séquence — et Robert Bresson l'utilisera un peu dans ce sens dans *Pickpocket* ou dans *Le Journal d'un curé de campagne*. Plus tard, il reliera des séquences entre elles, rôle qu'il conservera, sauf exceptions, jusqu'à la Nouvelle Vague.

Ce fondu-enchaîné salvateur va en effet devenir l'ennemi numéro un du cinéma moderne. Margaret Booth, qu'on ne peut taxer d'avant-gardisme, a remarqué (7) qu'il n'y a eu aucun progrès technique dans le montage depuis le muet, excepté la disparition des fondus et des enchaînés, qu'elle n'aimait pas parce qu'ils ralentissaient l'action.

En France, *Vie privée* de Louis Malle, monté par Kenout Peltier, supprime tous les fondus, et suscite dans *Arts*, à sa sortie en 1962, un article de Roger Boussinot titré : « La grande nouveauté du cinéma : la mort du fondu-enchaîné ». L'article parle de « *petite révolution technique* » à propos de ce

---

une boîte à cigares dont on soulevait graduellement le couvercle pour obscurcir progressivement l'image, puis il fait fabriquer un iris en métal. Le film dans lequel apparaît cet effet pour la première fois est *Le Dernier des Mohicans* (David Wark Griffith, *Le Cinéma,* Éd. du Centre Georges Pompidou, 1982).

3. Éd. Payot, 1979.

4. Au montage, on calcule la longueur de l'enchaîné, du fondu, on ne le voit pas. Difficulté d'imaginer le résultat de cette opération de laboratoire qui se décide à la table de montage.

5. Paru en 1930, traduit pour la première fois en français aux Editions Payot, 1977.

6. Cf. *Praxis du cinéma, op. cit.*

7. Cf. *The Parade's Gone by, op. cit.*

film, influencé dans son montage *cut* par le document, le reportage, le constat, l'analyse.

Louis Malle a systématisé dans un film grand public ce que d'autres pratiquaient marginalement. On retrouve sur ce point l'aspect « napoléonien » de Rouch, qui a toujours monté *cut.* Il faudrait citer aussi Rossellini : *« Quand j'ai montré l'essentiel, je coupe. Je n'aspire pas à un montage traditionnel. Je prends les choses toujours en mouvement. Je me fiche complètement d'arriver ou non à la fin du mouvement pour raccorder le plan suivant. Si l'on regarde mon montage avec les yeux d'un cinéaste, je comprends bien qu'il puisse gêner, mais je crois qu'il n'est nullement nécessaire de le regarder avec les yeux d'un cinéaste »* (8).

La suppression du fondu-enchaîné, procédé de conteur — utilisé exemplairement par Orson Welles — soucieux de la continuité de la narration, correspond à une construction qui a pu être rapprochée de celle du Nouveau Roman (collages, descriptions brutes, énumérations sèches, indifférenciation réel/irréel/surréel, etc.). Elle est surtout héritée du montage tel qu'il se pratique à la télévision depuis le début des années cinquante. L'œil du spectateur s'est habitué, en particulier grâce aux journaux télévisés, à l'absence de liant, de transition. Certains techniciens rendent d'ailleurs la télévision responsable d'un déclin du montage *(« instant television editing »).* On retrouve sur ce point l'ambivalence des « révolutions » esthétiques, porteuses de nouveau et rétrogrades.

Dans le cinéma américain, il est un cinéaste que l'on peut considérer comme le précurseur de la rapidité du montage. Il est un des premiers cinéastes, d'autre part, à s'être battu pour le droit au montage des réalisateurs à Hollywood : Frank Capra. *« Je suis dans la salle de montage du matin au soir. Pour moi, c'est le moment le plus excitant de tous. J'ai empêché de dormir plus d'un monteur »* (9).

D'abord président de l'Académie des Arts et des Sciences cinématographiques (AMPAS), il est élu président de l'Association des Réalisateurs. Il demande, en 1939, dans une lettre ouverte, le droit pour les réalisateurs au *premier* (10) montage, ainsi qu'une ou deux semaines de préparation de leurs films, c'est-à-dire du temps en aval et en amont du tournage. Le titre original de son autobiographie : *The Name Above the Title,* insiste sur cette

---

8. Cf. *Le Cinéma révélé*, Éd. de L'Etoile — Cahiers du cinéma, 1984.
9. *Positif*, n° 317-318 juillet-août 1987.
10. La Screen Director's Guild ne s'est jamais battue pour le « final cut ».

responsabilité principale, par rapport au film, du réalisateur, que l'on appellera en France l'auteur.

Nervosité de Frank Capra

D'abord réalisateur de comédies, Frank Capra avait trouvé un rythme, qui a fait son succès. Il s'était, en effet, aperçu dès 1932, alors qu'il tournait *American Madness,* qu'une scène qui lui semblait bien rythmée sur l'écran de la salle de montage paraissait plus lente lorsqu'il la voyait en salle sur grand écran. Il en avait tiré la conclusion — fort intéressante pour les monteurs — non pas que la taille de l'écran change le rythme d'un film, mais que les réactions d'un individu sont plus *intenses* lorsqu'il est au milieu d'une foule que seul. Et il avait alors cherché tous les moyens d'accélérer les scènes au tournage et au montage.

Il a ainsi éliminé les longs déplacements des acteurs — leurs entrées et sorties de champ — et banni les fondus-enchaînés. *« C'était un truc photographique que les cinéastes étaient fiers d'exhiber, mais que les spectateurs trouvaient passablement ennuyeux. Je me débarrassai des fondus-enchaînés en faisant passer sans transition, au montage, l'ascenseur du huitième étage au rez-de-chaussée, et l'arbre en fleurs à l'arbre couvert de neige. En faisant chevaucher les dialogues ; dans la vie, en effet, les gens se coupent, n'attendent pas que l'autre ait fini de parler. En accélérant d'un tiers environ la vitesse de la prise de vues »* (11).

Frank Capra a continué d'appliquer ces moyens à ses autres films, et ce fut le fameux secret — non percé à jour, sauf par lui-même dans son livre — de son « rythme », de son « naturel », et de l'« intérêt soutenu » de sa mise en scène. Par exemple, à partir de *Mr. Smith Goes to Washington* (1939), ayant remarqué que les gros plans ne raccordaient pas avec l'ensemble du « puzzle », il tournait les gros plans avec le play-back du son des plans d'ensemble correspondant à la scène, ce qui donnait des gros plans plus vivants que lorsque les acteurs attendent les répliques de la doublure, ou même de l'acteur qui sait que la caméra n'est pas sur lui. De même, il avait inventé la méthode qui consiste à faire faire plusieurs prises aux acteurs sans couper.

Une deuxième preuve de la modernité de ce cinéaste, c'est qu'il est sorti des rails des films de fiction. Il a en effet accepté la proposition

11. *Hollywood Story, op. cit.*

du Général Marshall, au début des années quarante, de travailler avec l'Armée, pour expliquer aux jeunes Américains, dans une série de films intitulée *Pourquoi nous combattons ?,* les raisons de leur entrée en guerre.

Frank Capra n'avait jamais réalisé de documentaire, et en avait vu un seul, *Nanouk,* de Robert Flaherty (très peu de documentaires se faisaient à Hollywood). Il s'est retrouvé avec des actualités américaines et ennemies — films de propagande envoyés par l'Allemagne et le Japon à leurs ressortissants —, des milliers de mètres de pellicule, dont certains dataient d'une trentaine d'années. Il a regroupé tous ces films, et fait appel à une quarantaine de techniciens de Hollywood, réalisateurs, monteurs, assistants-monteurs, musiciens, parmi lesquels John Huston, Anatole Litvak, Tony Veiller, William Hornbeck (12). Ils ont filmé des inserts, titres de journaux, explications animées, etc., essayant de faire comprendre les intentions ennemies avec leurs propres documents. *« Nous avons utilisé tous les moyens possibles pour ne pas rendre ces films ennuyeux. Nous avons utilisé la musique, les sons, les effets spéciaux, le montage de stock-shots, afin que l'écran soit en permanence rempli de choses pendant que l'on racontait l'histoire »* (13).

Il s'agissait à la fois d'un travail de propagande et d'un projet didactique, beaucoup plus vaste qu'une histoire de fiction centrée sur un héros toujours sympathique. S'adressant à des gens qui le plus souvent ne savaient absolument rien de cette guerre et de ses origines, il fallait les convaincre de se battre et leur expliquer avec les moyens du cinéma comment on en était arrivés là. Expliquer des politiques qui avaient changé au cours des années, et faire connaître l'ennemi, par le commentaire, qui a un rôle important d'information, mais aussi par l'image. Les descriptions de batailles (la Bataille d'Angleterre, la Bataille de Russie, la Bataille de Chine) sont souvent plus complexes que les films hollywoodiens de l'époque et rejoignent

12. Outre William Hornbeck, dont nous avons déjà signalé la carrière, on peut citer Elmo Williams qui a supervisé le montage de certains épisodes de la série. Né en 1913, il a travaillé d'abord en Angleterre, sous la direction de Merrill C. White — qui avait auparavant monté des films de Ernst Lubitsch. Elmo Williams reconnaît sa dette à l'égard de son « chef ». C'est ici l'occasion de dire à quel point un apprenti-monteur est marqué par les premiers films sur lesquels il travaille, par les personnes qu'il voit travailler. Elmo Williams s'est rendu célèbre avec *High Noon* (*Le Train sifflera trois fois* de Fred Zinneman, 1952). Il a eu l'idée de monter le film en continuité temporelle, c'est-à-dire avec la même durée que l'action, et pour rendre cette idée tangible, d'insérer des plans d'horloge régulièrement dans le film. Elmo Williams est ensuite devenu le bras droit de Darryl F. Zanuck, producteur et co-réalisateur des séquences de batailles du *Jour le plus long.*

13. *Positif, op. cit.*

par leur montage certaines recherches visuelles du cinéma muet (14). La nervosité qui poussait Frank Capra à trouver des solutions aux problèmes de rythme qu'il rencontrait dans ses comédies rejoint l'inventivité concrète qu'il met en œuvre dans cette série de films « de montage ».

La série *Pourquoi nous combattons ?* est souvent citée par des monteurs comme ayant bousculé le montage hollywoodien (15).

De David Wark Griffith à Marcel Hanoun

Bernard Eisenschitz, qui voit lui aussi dans les films de la série *Pourquoi nous combattons ?* un moment décisif du montage américain, a bien voulu les resituer dans une histoire racontée ici dans ses grandes lignes.

Une première période serait évidemment dominée par David Wark Griffith. Tous les cinéastes avaient envie de faire aussi bien que lui, reprenaient ses idées, parce que c'était cela qui était excitant : trouver tous les moyens possibles et imaginables de raconter une histoire par l'image. Cette recherche d'ordre esthétique — qui s'est poursuivie dans les années vingt — n'était pas limitée par l'économie du cinéma, qui se portait très bien. Beaucoup de films étaient réalisés et vus par beaucoup de spectateurs. Malgré une certaine standardisation, le récit des films des années vingt est encore complexe et même sophistiqué, lorsqu'on le compare à celui des films des années trente. Sans doute, le cinéma américain a-t-il dès le début mis l'accent plutôt sur la plastique (Erich von Stroheim) et le jeu des acteurs (King Vidor), que sur la dynamique du montage, qui fait au contraire la force d'Eisenstein et du cinéma russe. Mais les grands films de la fin du muet ont un montage complexe, des enchaînements purement visuels qui ne sont pas

---

14. André Bazin, dans un article de 1946 repris dans *Qu'est-ce que le cinéma ?*, tout en parlant des « *admirables montages de Capra* », signale le danger de ce genre de documentaire dont « *le principe consiste essentiellement à prêter aux images la structure logique du discours et au discours lui-même la crédibilité et l'évidence de l'image photographique* ». De l'honnêteté des fins, mais pas des moyens.

15. Dans l'enquête de *Film Comment*, les autres influences mentionnées par les monteurs sur leur travail, sont *Laura* (d'Otto Preminger, monté par Louis Loeffler), *Le Troisième homme* (de Carol Reed, monté par Oswald Hafenrichter), *A Place in the Sun* (George Stevens, William Hornbeck), *Hiroshima mon amour* et son montage achronologique (Alain Resnais, Henri Colpi), ainsi que la Nouvelle Vague, particulièrement les ellipses des films de Godard. Il est également dit que presque tout ce que l'on peut considérer comme nouveau était déjà utilisé par Griffith, Eisenstein ou Abel Gance.

Abel Gance et David Wark Griffith à Mamaroneck (New York) 1919.

évidents à saisir — on peut citer *The Docks of New York* (Josef von Sternberg, 1928), *Le Vent* (Victor Sjöström, 1928), *City Girl* (Friedrich Wilhelm Murnau, 1930), *Four Sons* (John Ford, 1928). Les spectateurs y retrouvaient la « magie naturelle du cinéma », leur passion pour les stars leur faisant accepter ces éventuelles difficultés.

Le sonore va limiter le pouvoir des stars, au profit du studio — qui a les moyens financiers de la transformation technique impliquée par le son — et des superviseurs (*producers*). Les plans deviennent plus fixes, plus longs, plus statiques, le montage plus linéaire, guidé de façon plus directe par le dialogue, même si les films muets allaient déjà dans ce sens. Même Griffith dans *America* (1924) dévie très peu d'une ligne directrice, et adopte le rythme un titre/un plan/un titre/un plan dicté par ce qui est dit.

Il faut attendre la guerre de 39-45 pour qu'émergent de nouvelles possibilités d'expérimentation formelle, du fait de la suppression de la barrière entre fiction et actualités. Pour un grand nombre de cinéastes — et cela a forcément touché aussi les autres — cette barrière n'était plus aussi nette, et le montage redevenait une technique à part entière, et un moment déterminant de la fabrication des films.

Bernard Eisenschitz ajoute qu'à partir des années cinquante, même si la force des studios est encore, et pour les vingt ans à venir, prédominante, même si la bataille n'est pas gagnée sur le plan légal ou professionnel, l'individualisation du travail du réalisateur est un fait de plus en plus acquis — depuis *Citizen Kane*, 1941. D'autant que la relève se fait cette fois (16) avec des monteurs qui se sont distingués pendant la guerre, qui ont rendu service au studio en faisant des films de propagande, ou dont le travail a été remarqué : Robert Parrish, Preston Sturges, Robert Wise, etc. Les monteurs ont vraiment fait tourner la machine. La force des studios de cette époque, c'était eux, même si on n'y pense pas aujourd'hui comme aux plus grands. Dans cette structure, les monteurs ont apporté l'aspect mécanique, tiré au cordeau, de leur profession.

Nicholas Ray, qui venait de la radio, Robert Rossen du scénario, étaient des exceptions, et d'ailleurs ils ne travaillaient pas de la même manière. Parrish a raconté à Bernard Eisenschitz la différence entre son approche et celle de Nicholas Ray sur le plateau des *Indomptables*. Nicholas Ray privilégiait toujours l'interprétation des acteurs, et au montage, il découpait en fonction de telle qualité chez tel acteur dans telle séquence — *Johnny Guitar*

16. La relève en 1930 s'était faite avec des metteurs en scène de théâtre (Cukor, Mamoulian, Preminger).

est un film extrêmement découpé —, alors que Parrish avait une conception plus mécanique des effets du découpage-montage, et pensait plus en termes de rapports de plans qu'en termes de prises.

Des réalisateurs — Samuel Fuller, Robert Aldrich, Sidney Lumet —, sont arrivés, en étant leur propre producteur, à contrôler leurs films et à suivre leurs montages, parfois même à entraîner leurs monteurs loin des normes des studios. Selon Lumet, les monteurs hollywoodiens donnaient toujours l'impression qu'ils allaient essayer de tirer quelque chose de montrable de ce qu'on leur apportait.

Si l'on s'interroge maintenant sur les ruptures qui ont pu marquer le montage en Europe, et si l'on pose la question à des monteurs, quels sont les noms et les dates évoqués ?

Le premier film qui supprimait les transitions, les enchaînés — « *et ça marchait très bien* » —, dont se souvient Jacqueline Sadoul, c'est *Mort d'un cycliste*, de Juan Antonio Bardem, 1955.

Jacques Comets, lui, a vécu l'accélération de la mise en pratique de ce qu'il appelle « l'effet Hanoun-Godard ». *Une simple histoire*, de Marcel Hanoun (1958) l'avait effectivement ébranlé par son mode de narration et son montage (17).

Mais une dizaine d'années plus tard, il a vu arriver comme une évidence, et comme un nouvel académisme, la systématisation des faux raccords à la télévision. Et il a repensé à ce que répondait Renoir lorsqu'on lui demandait pourquoi il avait utilisé des fondus au noir dans un de ses films : « *Jusqu'à maintenant je m'y étais refusé, je faisais toujours des passages "cut", maintenant tout le monde fait comme moi, alors je change...* »

Comets reconnaît toutefois le pouvoir libérateur, l'ouverture de possibilités, apportés par cette remise en cause des « évidences » narratives traditionnelles, auxquelles le spectateur était habitué.

De l'avis général, deux films ont radicalement changé la manière de monter : *A bout de souffle* et *Hiroshima mon amour*. Deux films que le public a

---

17. Noël Burch, in *Praxis du cinéma*, *op. cit.*, a analysé la complexité structurale des films de Marcel Hanoun, et démontré l'importance — au même titre que *Chronique d'un amour* de Michelangelo Antonioni — d'*Une simple histoire* (flash-back, commentaire « dialectique », ellipses « brutales », aucun enchaîné et très peu de fondus au noir), et de *L'Authentique Procès de Carl-Emmanuel Jung* (1966) (distanciation, non-synchronisme). Ce dernier film est cité dans *The Classical Hollywood Cinema* comme exemple de non-respect de la continuité de la parole (impensable dans le cinéma hollywoodien) — une phrase de longueur moyenne y est fractionnée en huit plans, ce qui est aujourd'hui chose courante dans le cinéma américain.

acceptés, mais surtout deux films qui ont donné des idées aux monteurs, aux techniciens et aux réalisateurs.

Indépendamment de quelques météores isolés dans l'histoire du cinéma, un film n'a d'impact que si les nouveautés stylistiques qu'il met en œuvre sont reprises et développées par d'autres.

3. Eisenstein, attraction du montage

Impossible de parler du montage sans évoquer, même brièvement, Serguei M. Eiseinstein. Théoricien, enseignant et praticien du cinéma, il a consacré ses forces au principe du montage, sous toutes ses formes (1). Cité, imité, critiqué, il demeure encore la référence indépassée des écrivains et des cinéastes qui réfléchissent sur le montage (2) : Jean-Marie Straub, en 1988, devant des étudiants de la FEMIS, a mentionné l' « hainamoration » qu'il voue à Eisenstein ; l'influence d'Eisenstein sur le cinéma de Godard est manifeste sur plusieurs points. Tous deux donnent au montage un rôle scientifique : le montage *prouve* des rapports d'une autre manière que la parole. Récemment par exemple dans *Soigne ta droite*, la mention du nom de Platini sur l'image d'un stade *construit l'idée* « drame du Heysel ». Godard a insisté plusieurs fois sur le *travail spécifique* qui devrait pouvoir se faire avec les yeux (et les oreilles) au cinéma.

Il y a, d'autre part, l'importance que tous deux attachent au cadre. Dans son *Introduction à une véritable histoire du cinéma*, Godard avançait l'hypothèse qu'Eisenstein, s'il a passé sa vie à chercher le montage, a en fait trouvé l'angle de prise de vues. La science d'Eisenstein consistait à savoir où placer la caméra, Godard en donnait comme preuve l'impossibilité dans laquelle il s'était trouvé de faire des plans-à-la-Eisenstein (3).

---

1. Cf. Jacques Aumont, *Montage Eisenstein*, Éd. Albatros, 1979.
2. En URSS aujourd'hui, la réflexion politique semble l'emporter sur la théorie esthétique et les cinéastes rejettent Eiseinstein à cause de sa proximité avec la propagande d'État. Cf. *Cahiers du cinéma*, Spécial URSS, janvier 1990, entretien avec Naoum Kleiman.
3. Dans ses *Mémoires* (Julliard, 1989), Eisenstein explique qu'il s'est d'abord passionné pour le montage (le mouvement), et ensuite pour le trait du cadre (ce qui se meut). On peut noter que l'invention au niveau du cadrage et l'invention au niveau du montage sont souvent le fait des mêmes cinéastes : Griffith, Dreyer, Eisenstein, Welles, Godard, et rappeler que dans le cinéma muet Eisenstein ne séparait pas le montage du gros plan — fragment, synecdoque, détail susceptible d'éveiller l'idée du tout. Conception très différente de celle, américaine, du gros plan comme élément du découpage : plan encore plus rapproché que le « plan rapproché ».

Eisenstein

Plus anciennement, Cocteau, Buñuel ou Dreyer avaient affirmé l'importance pour eux de *Potemkine*. Dreyer reconnaissait s'en être volontiers inspiré pour *La Passion de Jeanne d'Arc*, même s'il s'avouait choqué par l'aspect trop appuyé du film d'Eisenstein.

Paradoxalement, on a pu en faire l'ancêtre du cinéma publicitaire, et pourquoi pas du clip ? — virtuosité d'un montage qui fait « passer » une idéologie ou un produit. Précurseur également de la sémiologie au cinéma, il en a mis au jour certaines impasses, pratiquement. Car, comme le dit ailleurs (4) Godard : « *Eisenstein est parti de la technique, des problèmes simples pour aller de là aux plus complexes. Il est allé du travelling jusqu'au Nô pour revenir expliquer les escaliers d'Odessa...* »

Donné comme cinéaste académique par un théoricien de l'académisme (5), parce qu'il ne laissait rien au hasard, dessinant minutieusement ses plans, il est à mon sens un des plus modernes par la sécheresse de ses coupes, l'audace de ses répétitions et l'inventivité de ses « faux » raccords — comprimés de mouvements, allongement du temps, amorces de gestes qui raccordent avec leur effet, par exemple.

La nouveauté de ce montage, sa vitesse (6) ont stupéfié l'Europe et l'Amérique. Des critiques anglais et américains d'*Octobre* (1927) ont écrit, par exemple, que « *le film ne laisse pas le temps de regarder* » (7). L'invention de Serguei M. Eisenstein est inséparable du contexte de la Russie des année vingt (8). Lorsqu'Eisenstein écrit ses premiers textes, fait ses premières mises en scène de théâtre et réalise ses premiers films, Lénine vient de décréter le cinéma « *le plus important de tous les arts* », la première école de cinéma au monde a été fondée, et des cinéastes-expérimentateurs réfléchissent, discutent, et inventent ce que l'on appelle globalement le « montage russe » (9), c'est-à-dire le montage court, dans des

---

4. *Cahiers du cinéma* n° 194, octobre 1967, repris dans *J. L. Godard, par J. L. Godard, op. cit.*
5. Michel Thévoz, *L'Académisme et ses fantasmes*. Éd. de Minuit, 1980.
6. Il faut citer en France à la même époque le travail d'Abel Gance, inventeur lui aussi du montage rapide. En particulier dans *La Roue* (1921-24), où certains plans n'ont pas plus d'une image !
7. Cf. D. Bordwell, « La Saute et l'ellipse », *Revue belge du cinéma*, été 1986.
8. Cf. *Cahiers du cinéma*, « Russie années 20 », n° 220-221, mai-juin 1970.
9. Marie Seton avance l'idée que l'utilisation maximale de la pellicule était liée à sa pénurie. Hypothèse contredite par le fait qu'Eisenstein a toujours beaucoup tourné et beaucoup coupé au montage. Lui-même explique que ce n'est pas une question de longueur de pellicule mais d'économie de moyens. Dans un autre ordre d'idée, Serge Daney rattache les vertus du montage — la violence du passage des plans — à la brutalité de la société russe (*Cahiers du cinéma*, spécial URSS, *op. cit.*).

films révolutionnaires par leur forme et par leur contenu. Le cinéma est encore à inventer — tous disent l'événement que fut la vision de films de Griffith (10) —, et il est muet, son trait distinctif en sera le montage, même si d'autres éléments interviennent, jeu de l'acteur et choix des sujets, par exemple.

Koulechov, Poudovkine, Vertov, Eisenstein sont les grands noms de ce cinéma. On mentionnera ici deux aspects seulement de la théorie du montage (11) parmi ceux que cette « Ecole » a produits.

D'abord l'expérience Koulechov (12), mythique et perdue, d'autant plus célèbre. Dans son laboratoire expérimental, Lev Koulechov a démontré que les spectateurs voient ce que crée le montage. Un même gros plan du visage d'un acteur — Ivan Mosjoukine, en l'occurrence — sans expression particulière, est trouvé expressif, c'est-à-dire exprime la tristesse s'il est suivi d'un plan de cadavre, et la joie s'il est suivi d'un plan d'enfant qui joue.

Le simple fait pour un plan de suivre un gros plan de visage, de regard, induit un rapport regardant/regardé. Alfred Hitchcock s'est référé à cet « effet » à propos de son film *Fenêtre sur cour*.

On peut ici élargir l'« effet » aux raccords de regard qui sont presque, selon Godard dans *Montage, mon beau souci* (13), la définition du montage.

Ensuite, citer Dziga Vertov et les kinoks (14), qui fondent le kinokisme sur l'organisation des *intervalles*, c'est-à-dire des passages d'un mouvement à un autre, et qui entendent le montage non pas comme le collage de ce qui a été tourné mais comme *l'organisation du monde visible* dans un processus ininterrompu depuis la première observation jusqu'au film définitif. Un film est en montage avant le tournage, pendant le tournage et après le tournage.

---

10. Cf. le texte d'Eisenstein : *Dickens, Griffith et nous, op. cit.*

11. Le sujet a ses spécialistes, Jean Mitry, Barthélémy Amengual, etc. Le lecteur peut se reporter à l'ouvrage des Éditions du Centre Georges Pompidou, *Le Cinéma russe et soviétique*, 1981, ainsi qu'aux textes des cinéastes qui n'hésitaient pas à s'expliquer sur leurs différences théoriques, petites ou grandes.

12. Cf. le n° 6 de la revue *Iris*, consacré en 1986 à l'« effet Koulechov ».

13. Article paru en 1956 dans les *Cahiers du cinéma*, repris dans *Godard par Godard, op. cit.* *« Qui cède à l'attraction du montage cède aussi à l'attraction du plan court. Comment ? En faisant du regard la pièce maîtresse de son jeu. Raccorder sur un regard, c'est presque la défninition du montage, son ambition suprême en même temps que son assujettissement à la mise en scène. »*

14. Néologisme formé de kino : cinéma, et de oko : œil. Les kinoks se différencient des « cinéastes », « troupeau de chiffonniers qui fourguent assez bien leurs vieilleries ». Cf. Dziga Vertov, *Articles, journaux, projets*, Éd. 10-18, 1972.

Parmi les différents moments de la conception eisensteinienne du montage, quels sont ceux qui peuvent stimuler une réflexion et une pratique aujourd'hui ?

L'attraction du montage commence chez Eisenstein par le « *montage des attractions* » (15), ou « *montage libre d'attractions arbitrairement choisies et indépendantes de l'action proprement dite* », qu'il expérimente d'abord au théâtre. A la fois méthode de direction des spectateurs dans un art d'agitation et de propagande (« *porter le centre d'attention à ce qui est nécessaire, considéré auparavant comme superflu* »), et école pour les monteurs, qui peuvent s'inspirer de la construction d'un programme de music-hall, cette théorie, un peu étrange, touche au moins trois points importants du montage.

D'abord, le rapport aux spectateurs, qui en est l'élément décisif : le travail du montage est un processus de pensée du cinéaste-monteur, que le spectateur doit pouvoir reparcourir. Ensuite, la part d'arbitraire que comporte ce travail, que reconnaît Serguei M. Eisenstein lui-même : « *difficile de penser en images hors-sujet* ». Le risque, enfin, couru par le montage conçu comme langage et discours (16), lorsque l'attraction prend la figure d'une métaphore coupée du contexte filmique.

« Montage des attractions », « montage réflexe » ou « montage intellectuel », Eisenstein n'a cessé de donner au montage une dimension à la fois dynamique — le montage n'est pas association ni succession mais collision, explosion — et calculée — le montage organise des idées et des émotions, et produit des effets sur le psychisme des spectateurs.

Si l'on peut reprocher à Eisenstein certains excès de *manipulation* — « *Tous les moyens sont bons dans le cinéma, il suffit d'avoir un but* » —, il faut se souvenir aussi qu'il pensait que « *seul le cinéma est capable de rendre à l'élément intellectuel ses racines vitales concrètes et émotives* ». Les formules de composition des films « *ne sauraient être obtenues à l'aide*

---

15. Cf. « Le montage des attractions », in *Le Film, sa forme et son sens, op. cit.*

16. Je dois à un cours de Gilles Deleuze la découverte du Traité de rhétorique de Fontanier (*Les Figures du discours*, Éd. Flammarion, Champs, 1977) qui définit clairement des figures qu'Eisenstein a tenté d'appliquer au cinéma. La métaphore, par exemple, consiste à présenter une idée sous le signe d'une autre idée plus frappante ou plus connue, qui d'ailleurs ne tient à la première par aucun autre lien que celui d'une certaine conformité ou analogie. On dira « un tigre » pour un homme féroce. La synecdoque consiste dans la désignation d'un objet par le nom d'un autre objet avec lequel il forme un ensemble, un tout, ou physique ou métaphysique, l'existence ou l'idée de l'un se trouvant comprise dans l'existence ou dans l'idée de l'autre. Pour des vaisseaux on dira « une flotte de cinquante voiles ». Lorgnon du médecin de *Potemkine*, abattoirs de *La Grève*, harpes d'*Octobre*, moutons adeptes de la religion de *La Ligne générale*, etc.

Potemkine de Eisenstein.

Soudain …

d'agencements a priori. Le savoir et le tour de main n'y suffisent pas. L'œuvre ne devient organiquement une et elle ne se sature de pathétique que lorsque son thème, sa matière et son idée se sont soudés organiquement et indissolublement aux pensées, à la vie, à l'être de l'auteur » (17).

Enfin, comme il le dit ailleurs (18) : « *La nature, les circonstances et le décor au moment du tournage, et le matériel tourné au moment du montage, sont souvent plus intelligents que l'auteur et le réalisateur.* »

Ces deux dernières réflexions ont été écrites par Eisenstein à propos de *Potemkine*, qui peut être considéré comme un chef-d'œuvre d'adéquation entre une forme — expérimenter tout ce que l'on peut faire avec le cinéma — et un contenu — célébrer une révolution.

Rappelons pour terminer une anecdote typique du contexte expérimental de l'époque. Serguei M. Eisenstein avait suggéré pour la première représentation du film que le dernier plan — la proue du cuirassé qui s'avance — déchire l'écran et laisse apparaître une réunion réelle de personnes réelles ayant participé aux événements de 1905 et les commémorant vingt ans après… Imaginons le foisonnement d'idées qui devaient surgir dans la salle de montage où Eisenstein travaillait, sans doute avec une assistante.

Comme le rappelle, en effet, Grigori Kozintsev (19) : « *Tous, nous montions nos films nous-mêmes. Les monteurs professionnels n'existaient pas et, du reste, à qui eût-on pu confier la part la plus complexe du travail d'auteur ? […] Car le problème ne consistait pas à mettre en ordre les séquences filmées d'après un scénario. Ce qui était écrit sur le papier ne rappelait que de fort loin ce qui était imprimé sur la pellicule. Il ne s'agissait pas de la prééminence du réalisateur sur le scénariste, mais de la priorité de la pellicule sur le papier. Le film se créait pendant les prises de vues et le montage.* »

---

17. « L'unité organique et le pathétique dans la composition du cuirassé Potemkine », *Réflexions d'un cinéaste*, Éd. du Progrès, Moscou, 1958.
18. *Mémoires, op.cit.*
19. *Cahiers du cinéma*, juillet 1971, *op. cit.*

4. *A bout de souffle*, film « in-montable »

Trente ans après, repartir de ce film comme fondement du montage moderne. Voir aujourd'hui comment Jean-Luc Godard, dont c'était le premier long métrage, mais qui avait derrière lui dix ans de cinéma, et notamment une pratique de la critique de films et du montage (1), a révolutionné le cinéma par la liberté qu'il prenait vis-à-vis des règles, particulièrement des raccords : désir d'aller vite, de *couper court* aux trajets, aux transitions.

Non qu'il ait été le premier à transgresser la « *justesse* » des raccords — Carl T. Dreyer, dans *Vampyr* (1932) par exemple, fait prendre au Baron de Gunzburg des trajets tout à fait erratiques et *non-raccord*, et on peut trouver dans l'histoire du cinéma d'autres précurseurs —, mais d'une part, Godard fait de cette liberté un manifeste : *« Un film qui n'avait pas de règle, dont la seule règle était : les règles sont fausses ou mal appliquées »* (2), et d'autre part, il n'est pas seul à remettre en question le cinéma français traditionnel. Ils sont plusieurs à passer leur vie à voir des films à la Cinémathèque, à en parler, et à écrire dans les *Cahiers du cinéma*, à renouveler, autour d'André Bazin, la pensée du cinéma et de son histoire. Enfin, comme on vient de le dire, ce film est d'autant plus important qu'il n'est pas resté lettre morte, il a trouvé son public, et a ainsi pu inaugurer un renouveau du cinéma.

Renouveau du cinéma, pas seulement renouveau du montage, mais de la prise de vue, des dialogues et du jeu des acteurs. On ne peut que redire à quel point le montage est un élément lié aux autres.

---

1. Le montage est souvent un bon apprentissage du cinéma, même si, comme on l'a vu, les films d'anciens monteurs ne renouvellent pas forcément le cinéma. Godard avait eu l'occasion de travailler au montage de documentaires produits par Pierre Braunberger, en compagnie de Myriam. Braunberger avance même une origine possible aux faux raccords godardiens (in *Cinémamémoire*, *op. cit.*). Braunberger avait proposé de supprimer une partie d'un film qui n'était pas très bon en fin de bobine, afin de laisser croire que le projectionniste était responsable de la (mauvaise) coupe. Godard, lui, affichera et assumera les « faux » raccords de son film. L'équilibre des bobines d'un film fait partie du travail des monteurs. Les bobines en 35 millimètres contenant au maximum dix minutes de film, il convient de décider des moments où peuvent intervenir les coupes, tant par rapport au mixage que par rapport à la projection. Jusqu'à l'équipement des multisalles avec des projecteurs dont les immenses plateaux peuvent contenir tout le film, c'était la tâche du projectionniste que d'assurer le bon passage des bobines — les bobines impaires chargées sur un projecteur, les bobines paires sur un deuxième projecteur — grâce à des signaux ou poinçons de fin de bobine, tant de secondes avant la fin, pour lancer le projecteur, puis pour en ouvrir la lumière. Travail qu'il importait de faire avec précision pour restituer au spectateur le déroulement du film.
2. *Introduction à une véritable histoire du cinéma*, *op. cit.*

Parmi les textes importants de Jean-Luc Godard, on peut citer celui qui traite directement de notre sujet : « Montage, mon beau souci », publié en décembre 1956. Il y souligne l'interdépendance de la mise en scène et du montage, et revendique *l'improvisation* : « *On improvise, on invente sur la moviola comme sur le plateau.* » Improviser ne signifie pas partir de rien, mais créer les conditions de la liberté, de l'invention.

Mentionnons également son article sur *Une vie* d'Alexandre Astruc, dans lequel Godard signale la façon nouvelle qu'a ce cinéaste de faire surgir par le montage la violence dans le plan, et de révéler ainsi, après-coup, la discontinuité latente dans la continuité.

Dès son tournage, il est fait beaucoup de bruit autour d'*A bout de souffle* — qualifié d'« *in-montable et d'in-sortable* » par Michel Audiard. (Dans *Arts*, Jean-Luc Godard lui répond, et s'explique sous le titre « Je ne suis pas à bout de souffle ».) Le plus grand reproche encouru par le film est revendiqué par Godard, la Nouvelle Vague et leurs admirateurs : il ne respecte pas les conventions de la technique (3).

Il ne respecte *aucune* convention, surtout pas la séparation entre la fiction et le documentaire. Nourri de séries B américaines, il s'inspire aussi de Jean Vigo, de Roberto Rossellini, et de Jean Rouch. Par exemple, le jeu, la démarche et le style du personnage principal interprété par Jean-Paul Belmondo, appartiennent certainement à l'être Belmondo dans ce qu'il avait de plus réel, mais aussi à Humphrey Bogart et à Oumarou Ganda — le film a failli s'appeler *Moi, un Blanc*. « *Moi, un Noir, ça m'a fait beaucoup d'effet, c'est un peu comme pour Flaherty : faire de la fiction sur du vécu. Prendre*

---

3. Pas plus que les conventions du genre dans lequel il croyait lui-même s'inscrire. Ne sachant, comme il le reconnaît, faire ce que Howard Hawks, par exemple, avait fait dans *Le Grand Sommeil*. Dudley Andrew a repéré dans « Le Culte et la culture d'*A bout de souffle* » (in *Revue belge du cinéma*, été 1986), les citations du film. Parmi les modèles à la fois thématiques et filmiques, on retiendra *You Only Live Once* de Fritz Lang (1936), *High Sierra* de Raoul Walsh (1941), *Gun Crazy* de Joseph H. Lewis (1949), et surtout *They Live by Night*, premier film de Nicholas Ray (1948). On n'oubliera toutefois pas la capacité de Jean-Luc Godard à « réinventer le cinéma, faire comme si c'était la première fois ».
Et même si dans ces quatre films il s'agit de couples traqués par la police, on verra, par exemple, comment dans *High Sierra* la mise en place classique nous montre d'abord les personnages, afin que nous comprenions plus tard leur comportement. Tout au long du film les intentions du scénario apparaissent au spectateur d'aujourd'hui. Dans le film de Godard, au contraire, chaque plan est surprenant. On est tout de suite dans l'action, avec les personnages, en gros plan. C'était d'ailleurs une volonté délibérée de Godard, d'échapper aux défauts des premiers films, et particulièrement d'oser s'approcher de ses personnages.

des personnages dans la réalité, et faire de la fiction avec eux. C'est un peu ce que j'ai fait, mais à l'envers ; j'ai pris des personnages de fiction et j'ai fait avec eux quelque chose qui avait un aspect documentaire » (4).

D'où la double dimension qui caractérise le film (5). D'une part, le naturel, la prise sur le vif, le reportage, le réel. D'autre part, la distance, le jeu, le décalage, les références et les calculs, les citations culturelles et l'utilisation de procédés traditionnels (fondus et iris). Le regard-caméra et l'adresse aux spectateurs, qui seront systématisés dans les films suivants, par exemple dans *Une femme est une femme*, sont déjà là. Le dialogue, très parlé, surtout si on le compare à ceux des films français « de qualité », est extrêmement travaillé, nourri de citations, de jeux de mots. Le son, entièrement post-synchronisé, a été recréé au montage, de façon simple. Les voix, souvent monocordes, ne sont pas montées ou baissées de façon réaliste. Un seul son à la fois, le plus souvent. Plus tard, Godard utilisera le son de manière plus complexe, y compris par brouillage. La musique, de Martial Solal, ponctue et rythme le film de façon simple également.

Rien n'a été tourné en studio, mais dans des extérieurs et intérieurs réels ; on reconnaît la campagne française avec ses routes régulièrement plantées d'arbres, et souvent en travaux, le Paris des Champs-Élysées, la rue « Première Campagne » de la fin, sans oublier les chambres exiguës. Lieux dans lesquels l'opérateur, Raoul Coutard, filmait caméra à l'épaule, comme en reportage, sans se faire remarquer, et avec dextérité. Dextérité que l'on retrouve dans les plans-séquence savamment composés, par exemple dans l'agence de voyage ou dans l'appartement de la fin. Raoul Coutard n'avait alors pas beaucoup d'expérience professionnelle (6).

Selon Cécile Decugis, le montage s'est fait très vite, Godard savait parfaitement ce qu'il voulait. Ce qui n'a rien d'étonnant lorsque l'on connaît sa conception du cinéma : « *Faire un film, c'est superposer trois opérations, penser, tourner, monter.* »

---

4. *La Nouvelle Vague, vingt-cinq ans après, op. cit.*

5. Par exemple, l'interview de Jean-Pierre Melville par les journalistes à l'aéroport. Godard avait d'ailleurs eu l'idée de demander à Louis-Ferdinand Céline de jouer ce rôle de l'écrivain, si l'on en croit un reportage de Marc Pierret sur le tournage, paru dans *France observateur*, le 29 octobre 1959.

6. Notons cette façon de Godard de s'entourer de techniciens pas trop « abîmés » par la « profession ». Au montage, Agnès Guillemot n'avait pas non plus beaucoup travaillé, lorsqu'ils ont amorcé leur collaboration. C'est Cécile Decugis, elle aussi assez jeune dans le métier, et grande cinéphile, qui a monté *A bout de souffle*.

On lira en contrepoint cette déclaration de Paul Gégauff (7) : « *[Godard] était un personnage très "russe", prenant des décisions brutales, insensées, à l'emporte-pièce. Dans ses films, par exemple, on l'a toujours pris pour un monteur de génie, mais sur un coup de tête, un coup de rage, il coupait n'importe où au hasard. Il ne se rendait compte de rien. Il a eu de la chance dans ses coups de ciseaux hagards, quelquefois.* »

On ne s'étonnera pas que les critiques de l'époque aient pu trouver que « *le montage sautille souvent tel un saphir sur un disque* » (8), choqués que les raccords soient faits à l'intérieur d'une même prise de vues.

D'autres ont vu le lien entre le fond et la forme, l'adéquation entre le style du montage et la matière vivante du film, que l'on trouve à l'œuvre dans des films très « montés », comme *Muriel* d'Alain Resnais, ou *Double messieurs* de Jean-François Stévenin.

« A chaque raccord, le film procède par saccades avec une impatience syncopée qui suggère et souligne avec justesse l'allure impulsive du héros dans sa descente vers le destin. Les raccords brisent notre attention aussi brusquement que le jeune homme perd son intérêt pour une affaire et qu'il passe à la suivante » (8).

Sautes, ellipses, « faux » raccords, saccades, syncopes (9).

Godard, en effet, ne se prive pas de faire passer un même personnage d'un emplacement à un autre par le seul fait d'une collure : *cut*. Le *cut* est le moyen qu'il choisit, dans un acte délibéré, pour raccourcir son film, qui faisait deux heures et quart. A l'époque, la durée d'une heure trente devait être respectée. « *Il a fallu couper tout ce qui pouvait être coupé en essayant de garder le rythme* ». Dans ces cas-là, « *on fait ce qu'on peut* ».

Robert Parrish raconte dans son autobiographie (10) comment il n'arrivait pas à raccourcir *Les Fous du Roi* de Robert Rossen, et comment il a finalement suivi l'exemple de *The Roaring Twenties* (Raoul Walsh, 1939), en faisant volontairement des trous dans la narration, ce qui valut Oscars et succès au film.

Godard, lui, a joué à pile ou face la suppression des plans sur Jean-Paul Belmondo ou des plans sur Jean Seberg, dans une séquence où ils sont tous

---

7. *La Nouvelle Vague, vingt-cinq ans après, op. cit.*

8. Critiques citées par David Bordwell, dans un texte très intéressant : « La Saute et l'ellipse », paru dans *Revue belge du cinéma, op. cit.*

9. Du grec, koptein, briser. En musique : note émise sur un temps faible et poursuivie sur un temps fort.

10. *J'ai grandi à Hollywood*, Éd. Stock Cinéma, 1980.

les deux en voiture. Plutôt que de raccourcir un peu partout, il a eu l'idée d'enchaîner, dans une scène à deux personnages habituellement montée en alternance, les plans sur Jean Seberg, car c'est elle qui est restée.

Cet exemple est le seul que donne Jean-Luc Godard. Cécile Decugis ne se souvient pas du tout qu'il ait fallu raccourcir le film. Selon elle, ils ont procédé assez normalement. Après un « premier montage » et la post-synchronisation, ils ont enlevé ce que Godard aimait moins et coupé un peu partout. Disposant de peu d'informations sur le travail qui s'est déroulé dans la salle de montage, il nous reste à parler du film, tel qu'il est monté.

On constate d'abord une coexistence de rythmes très différents. Un peu comme dans *Citizen Kane*, se suivent des plans-séquences extrêmement préparés et minutieusement exécutés, longs et avec des déplacements complexes d'acteurs et de caméra — jouant sur le montage dans le plan — (dans l'agence de voyages, par exemple), des séquences courtes et très morcelées (séquences d'action, comme le meurtre du policier ou la bagarre avec le revendeur de voitures volées), et des séquences longues mais découpées, comme celle de la chambre, où Jean-Paul Belmondo demande à Jean Seberg de « recoucher » avec lui.

Attardons-nous un instant sur cette scène, qui prend son temps. Le temps réel n'est pas explicité, peut-être s'agit-il de quelques heures d'une matinée. Mais le filmage et le montage insistent sur cette scène d'amour. Jean-Paul Belmondo donc, veut « recoucher » avec Jean Seberg, elle lui demande du temps pour réfléchir, elle lui annonce qu'elle est enciente. Et puis elle énumère différentes parties de son corps, pour savoir laquelle il préfère. Elle « recouche » avec lui.

Tels sont les événements de cette séquence, que l'on retrouvera d'ailleurs dans d'autres films de Godard. Mais, surtout, ce qui est savamment saisi là, à la prise de vues par Godard/Coutard et que le montage très brut restitue, c'est une certaine matière humaine : deux planètes rarement en phase, masculin/féminin, dans leur mouvement. Les recadrages, par exemple, sur la main de Jean-Paul Belmondo qui caresse la jambe de Jean Seberg, et les hésitations de la caméra ne sont pas supprimés.

Il y a aussi de longs plans où ils sont tous les deux sur le lit, elle bouge, elle sort du champ, y rentre, etc. Rien à voir avec le « ping-pong » des champs-contrechamps.

Deuxième constatation : les fameuses sautes, dues aux coupes *cut* et aux coupes « franches » à l'intérieur des plans, ne sont pas les simples traces de ce qui a été enlevé dans un film trop long, mais la signature d'un cinéaste

A bout de souffle de J. L. Godard.

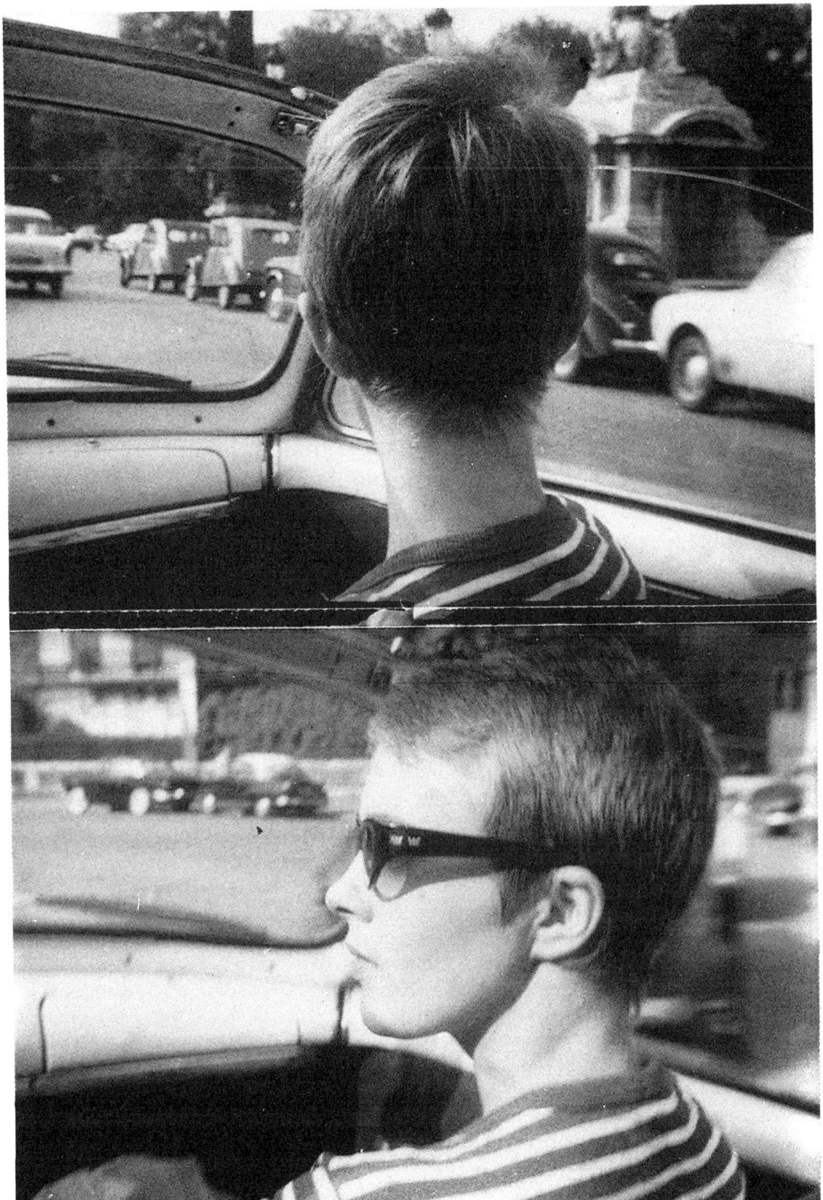

que l'on retrouvera dans tous ses films, courts ou longs (11). Jean-Luc Godard s'en explique ainsi en 1967 : « *Je n'ai fait qu'une découverte dans le cinéma, c'est comment faire passer simplement d'un plan à un autre, à partir de deux mouvements différents, ou même, ce qui est plus difficile, d'un plan en mouvement à un plan immobile [...] il faut tout simplement reprendre le mouvement au stade où on l'a laissé dans l'image d'avant [...] il faut partir du moment où la personne ou la chose en mouvement est cachée par une autre, ou bien en croise une autre, et changer de plan à ce moment-là. J'ai trouvé ça avec* A bout de souffle, *et depuis je l'ai appliqué systématiquement.* » Par exemple, l'ébauche d'un mouvement de Belmondo à l'intérieur d'une voiture, pour en sortir, « raccorde » avec son mouvement d'entrée dans une cabine téléphonique. Plus tard, trois plans nous font trois fois changer de lieux : Belmondo est sur le trottoir, puis dans le hall d'un hôtel, ensuite à l'intérieur d'une chambre de cet hôtel. Pour lui laisser le temps de monter l'escalier, Godard fait un mouvement vertical sur l'immeuble, et raccorde sur la fille en gros plan, qui lui ouvre la porte, etc.

Il me semble qu'Orson Welles pratiquait ces passages d'un mouvement à un autre dans les innombrables raccords de *La Soif du mal* (1958) (12) par exemple.

Je verrais plutôt la spécificité du faux raccord godardien dans certaines *répétitions* ou *reprises* de gestes ou de paroles — reprises qui se pratiquaient dans le cinéma *avant le montage* (13). Jusqu'en 1907, lorsqu'on voulait montrer des aspects différents d'une même action, le contrechamp reprenait une partie de l'action déjà montrée à la fin du champ. Dans *Tous les garçons s'appellent Patrick*, par exemple, Jean-Claude Brialy répète « on y va » à la jeune fille rencontrée au Luxembourg. On peut se souvenir

11. Godard n'a jamais eu envie de revenir à un montage plus long du film. Rien à voir avec les quatorze minutes coupées dans *Les Deux Anglaises...* par François Truffaut après quinze jours d'exclusivité et d'« ennui » décrié par certains critiques, et la restitution quatorze ans plus tard de sa version « originelle ». Plus récemment, Luc Besson a fait une version longue du *Grand Bleu* ; après sept mois de succès, le film est passé de deux heures dix à trois heures : le grand *Grand Bleu.* David Lean a reconstitué vingt-six ans plus tard la version longue de *Lawrence d'Arabie*, faisant déchiffrer par des sourds-muets les paroles prononcées par les acteurs dans les plans dont il ne restait que l'image... Les obstacles techniques sont toujours surmontables. La version longue de *Heaven's Gate*, de Michael Cimino a pu sortir plusieurs années après la courte, grâce au succès de celle-ci en Europe, etc.

12. Jean-Luc Godard a bien sûr reconnu sa dette à l'égard d'Orson Welles : « *Soyons maudits si nous oublions une seconde qu'il est le seul avec Griffith, qui le muet, qui le parlant, à avoir fait démarrer ce merveilleux petit train électrique auquel ne croyait pas Lumière. Tous, toujours lui devront tout* », (*Cahiers du cinéma* n° 150-151, décembre 63-janvier 64, repris dans *Godard par Godard, op. cit.*).

13. Cf. Jean Mitry, « Les Mésaventures d'un pompier », *Cinématographe*, n° 74, janvier 1982.

également du geste libérant les cheveux de la casquette répété dans *Les Carabiniers*, etc.

Ces reprises — d'une prise à l'autre — étranges aujourd'hui, cohabitent avec une maîtrise des raccords « justes », dans le mouvement, dans la continuité d'un mot ou d'un geste ; par exemple, l'irruption d'un gros plan de Nathalie Baye en train de parler, au milieu d'une phrase, dans *Détective*, film qui affirme d'emblée que l'histoire se répète et qui joue le plus souvent dans son montage des balbutiements, des bégaiements et des recommencements.

Couper à l'intérieur d'un film, couper à l'intérieur d'une scène, couper à l'intérieur d'un plan, cela fait à chaque fois une coupe et une collure, et chaque fois il faut trouver le raccord. Parfois un « faux raccord », mais est-ce qu'on peut encore parler de « raccord » ? N'y a-t-il pas contradiction dans les termes ? Et d'où vient cette idée de « faux » ? Comme une fausse note ? « *La justesse des formes est comme la justesse des sons* » (Ingres).

A l'époque de sa sortie, Luc Moullet parlait des « *faux raccords délicieux* » d'*A bout de souffle*. On ressent en effet ce plaisir et cette virtuosité du montage par exemple au début du film, lorsque Belmondo roule vers Paris, et qu'il double plusieurs véhicules, dépassements rythmés sur son monologue « Pat-Pat-Patricia » ; ou encore lorsqu'à la fin de la scène avec le revendeur de voitures, Belmondo prend de l'argent et dit : « *ç'est pour mon taxi* ». Le plan suivant, enchaîné par un court fondu au noir, cadre à l'intérieur d'un taxi le dos du chauffeur en plan assez serré, et on entend, *off*, la voix de Belmondo : « *plus vite* »... Raccord sur le siège arrière de la voiture où sont assis Jean-Paul Belmondo *et* Jean Seberg, absente de la scène précédente. Il s'agit d'une ellipse, mais plutôt que de sautes, je parlerais volontiers de sauts, de bonds, pour gagner du temps : plus vite...

J'aimerais enfin signaler une scène qui « saute » particulièrement et où le montage a un rôle d'accélération : celle où, dans un café des Champs-Élysées, Jean Seberg écoute la « bonne » histoire de son ami qui l'aide à entrer dans le journalisme. Histoire coupée, resserrée, *off*, sur l'image du visage de Jean Seberg, tellement coupée qu'elle en devient absurde. Le montage a resserré les phrases au maximum, sans permettre le moindre jeu, espace, air — certainement un *massacre* par rapport aux normes... Cette accélération produit le même effet qu'une démarche filmée en accéléré, un effet comique — il est même souligné par un rire — qui vise à ridiculiser cette situation et ce personnage.

Si le début du montage a consisté à créer de la continuité avec du discontinu, et le classicisme à raffiner cette fausse continuité, sans doute la modernité consistait-elle, en 1960, après Hollywood, et après le cinéma français de « qualité », à inventer un cinéma moins suturé.

Comme le faisait remarquer Henri Langlois dans une émission de TV Ontario, Jean-Luc Godard et Andy Warhol ont renouvelé le cinéma en ayant le courage de laisser une fin de plan basculée, un plan mal filmé — au sens où des peintres ont pu être reconnaissants à Vincent Van Gogh de leur avoir appris à *mal* peindre.

5. Hommage à Orson Welles : F for Fake, traité de montage (1)

« *Tous, toujours lui devront tout* », disait donc Jean-Luc Godard d'Orson Welles. Welles et Godard, deux cinéastes-chercheurs, inventeurs à la fois de fictions romantiques et de réflexions sur le *medium* qu'ils utilisent. Aux deux pôles du montage, l'un du côté de la discontinuité, l'autre du côté de la consistance, ils se donnent tous les deux les moyens de couper et de lier — coupures nettes et liaisons savantes s'opposant aux coupes approximatives et aux chevauchements mous. Tous les deux rendent visible le montage, l'un en en transgressant les règles, l'autre en le prenant pour objet.

C'est André S. Labarthe qui, un jour, prononça à propos de Welles le mot *consistance*, et me mit sur la piste d'Edgar Poe (2). Déjà dans une introduction au découpage du *Procès* (3), il mentionnait « l*a majestueuse route royale de la Consistance* ». C'est dans *Eurêka* qu'Edgar Poe postule la « consistance », c'est-à-dire un univers dont toutes les parties dépendent les unes des autres, et dont toutes les relations sont symétriques et réciproques de la même façon et avec la même rigueur que dans le poème rêvé ou dans l'esprit complet.

---

1. De même, *Méditerranée*, de Jean-Daniel Pollet, peut être considéré comme un essai sur le montage. Cf. la résonance de ce film dans *Les Cahiers du cinéma* de la « période théorique » (n° 210, mars 1969, « Montage » par Jean Narboni, Sylvie Pierre et Jacques Rivette).
2. La référence à Edgar Poe, importante par rapport à la poésie (cf. *Edgar Poe et les poètes français*, James Lawler, Éd. Julliard, 1988), l'est aussi lors d'une réflexion sur le montage : il est un des premiers écrivains à lier la création artistique à un goût de l'analyse, et à parler de technique littéraire. Dans *Genèse d'un poème*, il affirme que ni les sentiments ni les idées ne sont le fond de l'art, car le poète moderne vise à produire un effet. On voit comment André S. Labarthe peut se saisir de cette idée du montage comme science des effets, notamment à propos des films d'Alfred Hitchcock. Jean Narboni me conseille toutefois de ne pas prendre trop au sérieux les explications de Poe sur sa création. Il s'agirait, selon Cioran (*Exercices d'admiration*, Gallimard, 1986), d'une mystification, dont Paul Valéry aurait fait une lecture naïve.
3. *L'Avant-Scène*, Éd. Seuil, 1971.

Que peut vouloir dire la *consistance* des films d'Orson Welles ? Serait-ce la notion la plus appropriée pour caractériser son montage ? Non seulement parce que le montage serait l'art de créer des relations rigoureuses entre les plans — ce que l'on peut dire de tout film — mais parce que l'ensemble du film serait une imbrication de relations. Ne voyons-nous pas dans les films d'Orson Welles, en effet, l'impossibilité d'arrêter le « ruban de rêves » ? Essayez d'interrompre n'importe lequel de ses films, de distinguer une partie, un chapitre, une pause, vous serez convaincu.

François Truffaut attribuait à l'expérience d'homme de radio, de Welles, le fait qu'il ne laisse jamais un film en repos (4). Dans ses films, le montage lie les plans les uns aux autres, dans des rapports multipliés dans tous les sens, fait tenir le tout, imbrique, enchaîne et boucle — pas seulement la fin et le début.

Pas d'arrêt, pas de coupure, pas de longueur non plus. Orson Welles utilise tous les moyens : montage dans le plan ; lorsqu'il y a coupe, chevauchement du son ; entre les séquences fondus-enchaînés ; murmure des voix, la sienne, souvent présente, *in* et *off* ; liant de la musique. Tout cela est à l'œuvre dans *La Dame de Shanghaï*, par exemple.

Mais il est un autre film de Welles, moins connu, où l'on peut analyser les moyens de la consistance. Un film où Welles pousse à son comble la puissance du montage, au point d'en faire la démonstration. Un film où il se filme à la table de montage (5) et filme aussi l'écran de la table, ce qui permet un jeu entre les plans tels qu'ils apparaissent sur l'écran et sur l'écran de la table.

Welles se filme aussi sur un quai de la Gare d'Orsay ou dans un aéroport parisien en prestidigitateur, se retrouve dans les jardins de Dublin (grâce à la « *machine à remonter le temps* », comme il appelle la table de montage), médite devant la Cathédrale de Chartres sur la question de la signature des œuvres d'art, qui l'entraîne vers celle du spirituel dans l'art. Welles nous montre aussi un faussaire en train de peindre un Matisse et de le brûler, Picasso en train de regarder par les interstices d'un store vénitien une très belle femme (Oja Kodar, compagne d'Orson Welles), déambuler dans des rues chaudes à différentes heures de la journée, un écrivain accusé d'avoir fait croire qu'il avait eu un entretien avec Howard Hughes. Howard Hughes, qui a eu un rapport étrange au cinéma hollywoodien et qui ici pose la ques-

4. Numéro hors-série *Orson Welles*, Éditions Cahiers du cinéma, 1982.
5. Comme il le fera par la suite dans *Filming Othello* (1978).

F for Fake.

C'est son vrai monde
de faux-semblants
Mais son vrai métier:
peindre... des faux !

tion de l'identification de la voix de quelqu'un qu'on ne voit pas... Welles introduit également dans son film François Reichenbach, ancien marchand de tableaux et cinéaste, dont il monte une grande partie d'un matériau tourné à Ibiza sur le faussaire Elmyr de Hory. Welles cite *L'Invincible* d'Hemingway et un poème de Kipling sur l'esquisse. Welles enfin promet une heure de vérité, et se permet dix-sept minutes de mensonges.

Son film aurait pu s'appeler « M comme Montage », car tous ces éléments sont entremêlés, il s'appelle *F for Fake*, littéralement F comme Faux, et il est sorti en France en 1975 sous le titre de *Vérités et Mensonges*. De la première à la dernière image l'histoire racontée est celle du vrai et du faux. Film-puzzle de reportage, dans lequel les morceaux les plus hétérogènes trouvent leur place.

Mais racontons dans l'ordre, avec l'aide de Marie-Sophie Dubus, chef-monteuse du film (6). D'abord, on entend dans le noir la voix magique de Welles : « *Ladies and gentlemen...* » On imagine ensuite son rire machiavélique. Welles avertit les spectateurs : « *Regardez de tous vos yeux.* » Il leur montre une clé : « *Cette clé n'est symbolique de rien du tout, ce n'est pas le genre du film, pas un film à clé.* » A eux de saisir la différence : un film doit être regardé, pas interprété.

Ils ont travaillé à Antégor dans trois salles de montage, dont une était équipée en 16 millimètres — ils y visionnaient les documents et les sélectionnaient avant de les faire gonfler en 35 millimètres. Dans une deuxième salle, équipée en 35 millimètres, deux assistants effectuaient le travail gigantesque de rangement, de reconstitution, de mise à jour des documents qui constituaient le film et qui changeaient tous les jours... Marie-Sophie Dubus disposait d'une table électronique KEM, révolutionnaire pour l'époque. Elle permettait d'aller à la vitesse de trois images par seconde ou à cent-vingt images par seconde, uniquement en appuyant sur des touches. Elle pouvait passer de 16 en 35, en déplaçant les écrans et les curseurs, et avoir trois écrans. Il y avait quatre blocs interchangeables, trois écrans-image et un lecteur-son, ou trois lecteurs-son et un lecteur-image. C'est sur cette machine

---

6. Marie-Sophie Dubus garde d'Orson Welles le souvenir d'un homme très précis, maîtrisant dans le moindre détail toutes les phases de fabrication de son film. Toujours dans la salle avec elle — tôt le matin jusque tard le soir, sept jours sur sept. Elle n'avait pas besoin de parler pour qu'il devine ce qu'elle pensait, il trouvait son dos « éloquent ». Ils discutaient beaucoup, et chaque fois qu'une idée intéressante surgissait dans la salle de montage, ils buvaient du champagne à la santé du film.

que *Woodstock* avait été monté en Angleterre, machine que le propriétaire d'Antégor avait achetée pour qu'un film de François Reichenbach, *La Caravane*, puisse être monté avec plusieurs écrans.

Au départ, Welles avait le projet d'un court métrage d'une trentaine de minutes sur le faux en général, et plus particulièrement sur le faux en peinture.

Lui-même grand faussaire, célèbre pour son émission de radio sur *La Guerre des mondes*, par laquelle il avait réussi à persuader l'Amérique terrifiée que les Martiens l'attaquaient, il avait commencé sa carrière en se faisant passer à Dublin pour un grand acteur de Broadway.

Au début des années soixante-dix, Welles s'était donc trouvé en contact avec François Reinchenbach, qui avait réalisé une émission, montée en Angleterre, sur Elmyr de Hory. Comme souvent en reportage, il y avait eu beaucoup de pellicule tournée, et le montage, limité par la durée de l'émission, avait éliminé des chutes, dans lesquelles Orson Welles a trouvé une mine pour développer son sujet. Par exemple, l'écrivain Clifford Irving, qui apparaissait seulement comme invité dans l'émission, devient dans le film de Welles un personnage à part entière, qui répond à Elmyr par le seul jeu du montage.

D'autre part, Welles a inséré des séquences tournées par lui. Séquences tournées pour ce film, en fonction de l'avancée du montage. C'est là l'intérêt particulier de ce film, qui s'est conçu *au fur et à mesure* qu'il se montait. Ainsi le travail du scénario se confondait-il avec celui du montage. Welles a également inséré des séquences qu'il avait tournées à d'autres époques sans savoir ce qu'il en ferait. Par exemple, la séquence dite de « voyeurisme » avec Oja Kodar (7), ou la séquence avec Picasso. Toutes deux, pures séquences de montage kouléchovien jouant sur les raccords regardant/regardée, qui prennent une dimension plus intéressante par le jeu avec l'écran de la table de montage. Raccords entre la « réalité » qui est filmée, et ce que l'on voit sur l'écran de la table, que l'on revoit ensuite grossi, plein cadre, sans le cadre de la table. La table de montage n'est pas la clé pour distinguer le vrai du faux, mais une loupe qui agrandit.

Pour revenir à la consistance, une des premières formes qu'elle prend réside dans cette utilisation de documents non tournés par lui. Welles a su trouver dans les *rushes*, dans les chutes et dans l'émission elle-même de François Reichenbach, matière à son montage. Il a malaxé, pétri, sculpté cette matière

---

7. Séquence qui ressemble étrangement à un film d'Alberto Lattuada, dans lequel les Italiens se retournent sur le passage des femmes. Selon Gérard Legrand (*Positif*, n° 167, mars 1975), Welles aurait attaqué le cinéma « semi-documentaire » des Italiens, et en ferait ici la parodie.

première destinée au départ à un tout autre usage, à un reportage de télévision. Il en a fait un film d'Orson Welles : là est déjà un premier « faux ». Signalons qu'il a également utilisé des extraits retravaillés et remontés d'un film avec des soucoupes volantes, qui a servi de support-image à l'évocation de son émission de radio.

Mais si l'art du montage wellesien consiste à trouver des liens, il est un moment où intervient sur l'écran de la table une *explosion* — semblant appartenir à ce film de science-fiction — sur laquelle Welles inscrit un grand point d'interrogation. Le montage serait alors l'art de tout faire exploser, et ensuite de recoller. Est-ce que l'on sait toujours où on va ?

Un autre élément qui permet au montage de « consister », c'est sa vitesse. Et là, on rejoint l'art du prestidigitateur, aller vite, attirer l'attention ailleurs, afin que le tour soit joué. Tour de passe-passe, poudre aux yeux du spectateur. Par exemple, la séquence d'hommage à Oja Kodar et à Picasso est faite avec très peu de moyens : une photo du visage du peintre, un bruit de store qu'on claque, des plans sur elle qui passe. Il fallait que le montage soit rapide pour que l'on puisse y croire.

Les plans de ce film sont souvent très courts. On sait que la perceptibilité d'un plan est fonction de sa grosseur, et de la lisibilité de ce qu'il représente. Dans ce film, beaucoup de plans n'ont pas plus de cinq ou six images. D'autre part, ils sont morcelés, interrompus, ils reviennent chargés du sens que leur donne le plan intercalé. Par exemple, un plan de Welles dans le brouhaha d'une *party* est interrompu par un plan du petit chien blanc d'Elmyr de Hory. Welles ne s'était jamais trouvé à cette réception offerte par Elmyr de Hory ; voulant donner l'impression qu'il y était, il s'est filmé comme s'il s'adressait au chien.

Ce fut une expérience tout à fait atypique et passionnante pour les monteurs. Le travail dans les salles de montage a duré un an, avec une courte interruption pour l'écriture de la musique par Michel Legrand. Welles travaillait au jour le jour. Il découvrait des documents qu'il n'avait pas tournés lui-même, et il décidait de tourner tel et tel plan, qu'il commandait — par exemple — très précisément par téléphone à son opérateur à Los Angeles, Gary Graver. Lorsque les plans arrivaient, c'était absolument ceux qui convenaient, grâce à sa puissance de concentration, de conception, de créativité.

Il a aussi beaucoup tourné dans la salle de montage, lui-même se faisant filmer à la table. Dès le début du projet, il en était le narrateur. C'était son texte, dit par sa voix, qui racontait l'histoire du film. Et comme, d'une part, il construisait ce film à la table de montage, et que, d'autre part, il expliquait ce

Welles à la table de montage (*F for Fake*).

qui se passait sur l'écran — les réactions des personnages, leurs relations même lorsqu'ils ne se connaissaient pas, relations purement créées par le montage — se filmer à la table était devenu nécessaire. Toutes les séquences passent par la table de montage, par lui, narrateur. Il ne donne pas à voir, il montre, il démontre, il raconte le cheminement de la vérité et du mensonge, la limite extrêmement délicate entre les deux.

Tous les éléments changeaient tout le temps de place, les relations se faisaient d'une manière, puis d'une autre ; la clarté finale du propos — sur un sujet aussi complexe que le vrai et le faux, et à partir d'éléments aussi disparates — est le fruit d'un travail colossal, auquel Welles prenait un immense plaisir. Il donnait des indications extrêmement précises à Marie-Sophie Dubus, et il était toujours prêt à tout essayer. Les raccords se faisaient à une image près, et il ne fallait pas perdre une seule image, car les plans étaient utilisés parfois entièrement. Ce qui posait des problèmes techniques. Il fallait noter les références des plans, de façon à demander au laboratoire un *master* pour un second négatif. Le film a coûté fort cher en travaux de laboratoire.

Les images arrêtées, nombreuses dans le film, ont été choisies avec la plus grande précision. Pourquoi ces images arrêtées ? A la fois pour le propos du film, pour insister sur une image qui serait passée fugitivement à vingt-quatre images par seconde, et dans la logique de son dispositif, car une table de montage cela s'arrête, et lorsqu'on l'arrête, sur l'écran de la table il y a une image arrêtée. Welles a trouvé moyen de filmer et d'insérer dans sa narration une cassure du film, occasion de montrer la colleuse et de repartir.

Très souvent, le son est aussi un lien, il y a beaucoup de chevauchements (8). Le son fait partie de la trame que Welles a créée pour raconter son histoire. Le son, même si on n'en a pas conscience sur le moment, joue un rôle très important dans le film — qui se termine par le « clic » d'arrêt du moteur de la table de montage.

Autre élément important du *liant :* les interventions de Welles sur son film. Avec humour et très honnêtement, il nous explique ce qui se passe, il nous

8. Indépendamment de la ponctuation que peuvent introduire quelques notes de musique ou de brefs effets sonores, le son, à la différence de l'image, a besoin de la longueur pour être significatif. Les sons ne s'identifient et ne s'enchaînent pas de la même manière que les images. Une poursuite en voiture pourra, par exemple dans *High Sierra*, être filmée en montage parallèle rapide entre poursuivants et poursuivis, accompagné d'un son continu de sirènes de police de plus en plus fortes.

dit la vérité. Si le film, lors d'une première vision, va très vite, et si certains de ses éléments nous échappent, lorsqu'on le revoit, on est confondu par la rigueur de la démonstration. Il arrive à Welles lui-même, lors d'un entrecroisement particulièrement complexe, de trouver le mélange « corsé ».

La parole d'Orson Welles et la vitesse de son montage sont d'ailleurs, selon André S. Labarthe, les deux éléments principaux de la consistance de ses films : « *La vitesse fait que l'on n'a pas le temps de voir la nullité des plans, et la parole est comme un ciment, comme une toile d'araignée qui attrape la mouche (le spectateur) et ne la lâche plus.* »

Toujours selon André S. Labarthe, cette vitesse dans les films de la fin de la vie d'Orson Welles court-circuite sa paralysie, et le cinéma devient pour le spectateur de ses films le plaisir d'un architecte paralysé. Le spectateur de cinéma étant de toute façon immobile, tout le reste doit faire le voyage à sa place. Le montage de Welles doit maintenir en suspension les éléments qu'il manipule. C'est pourquoi par exemple il coupe au moment où le spectateur va saisir, il introduit quelque chose, un mot, un changement de plan, il frustre toujours un peu l'attente. Il ne faut pas que les plans soient trop longs, sinon ils *tomberaient*, ils seraient séparés du reste du film. Il faut perpétuellement souder les plans. « *Welles fait tournoyer les éléments comme les planètes d'une cosmogonie, qui restent en suspens pour exister. Comme si on ne pouvait fixer les choses que parce qu'elles sont infixables, parce qu'elles bougent. Le spectateur doit bouger beaucoup pour arriver à les fixer. Un peu comme lorsqu'on filme une voiture, il faut être dans une autre voiture et rouler à la même vitesse pour que le plan ne soit pas flou.* »

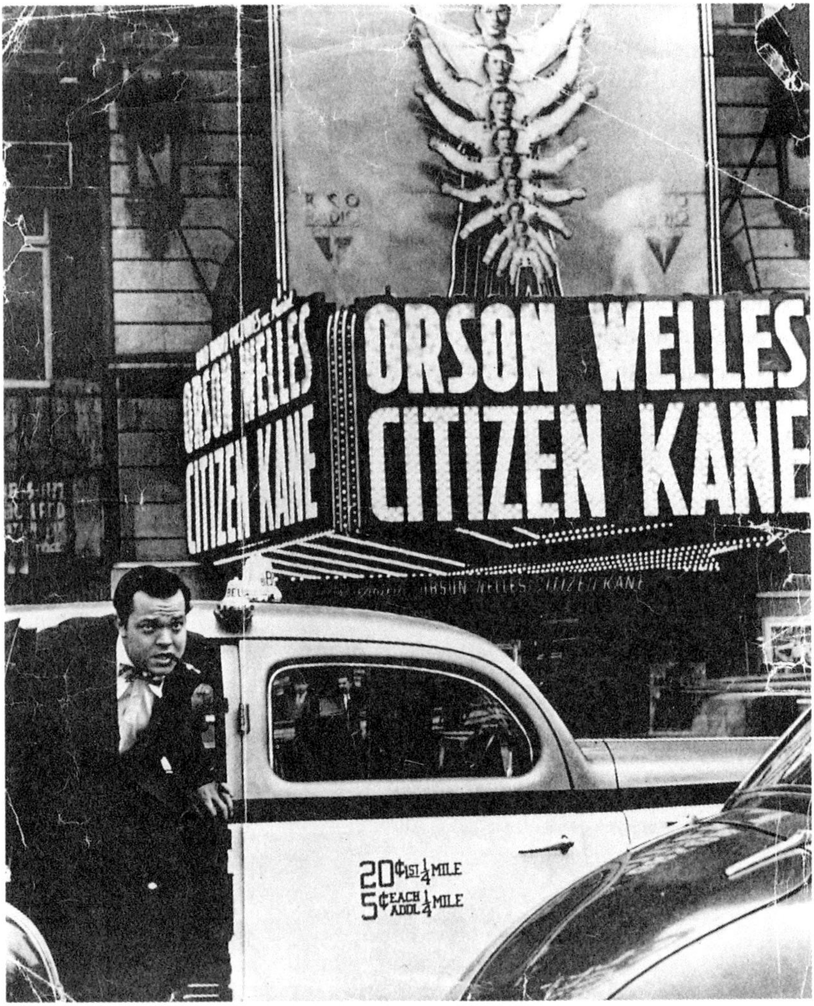
ORSON WELLES
CITIZEN KANE
ORSON WELLES
CITIZEN KANE
20¢ 1ST 1/4 MILE
5¢ EACH ADDL 1/4 MILE

VÉRITABLEMENT VIRTUEL

« *Je ne sais pas pourquoi cela me prend tellement de temps : je pourrais travailler* éternellement *au montage d'un film [...] Nous avons travaillé près d'un an au montage de* Citizen Kane. *C'est donc faux de croire qu'il n'y avait rien à monter parce que j'avais fait beaucoup de plans longs :* nous pourrions y travailler encore maintenant. » C'est moi qui souligne ces propos d'Orson Welles lors d'un entretien en 1958. Ainsi, dix-huit ans après la sortie de *Citizen Kane*, Welles aurait pu reprendre le montage de son film…

Qu'aurait fait Orson Welles s'il avait connu le *montage virtuel*, présenté aujourd'hui comme l'avenir proche du montage, et dont l'inventeur — le mot et la chose, c'est Jean-Pierre Beauviala qui en a eu l'idée, il y a plus de dix ans (1) — explique ici les possibilités véritables, en rapport avec l'état actuel de la technologie.

Après avoir évoqué Welles faisant tournoyer ses planètes, défiler les images et les sons à la vitesse accélérée de ses tables de montage pour trouver la fameuse consistance, on peut l'imaginer travaillant à la énième version de tel ou tel de ses films sans avoir à exécuter la moindre manipulation matérielle.

Car le *montage virtuel* c'est cela, exactement : toutes les possibilités du travail du montage-film — impossibles à exécuter sur la bande vidéo qui

1. Cf. entretien *Cahiers du cinéma*, n° 325, juin 1981.

oblige à une recopie lors de chaque opération —, sans les manipulations techniques, instantanément.

Ce montage s'effectue, en effet, par assemblages théoriques et non plus physiques. A aucun moment il n'est reporté sur un support physique continu (vidéo, film ou son), mais il existe sous la forme d'une liste d'adresses. Ce *listing* peut être mis en stock et modifié. Autrement dit, à partir d'une même base de *rushes* de sons et d'images, il est possible de concevoir autant de versions que l'on veut. La machine passe son temps à aller très vite chercher les plans, les images, les sons, qui *apparaissent instantanément* à l'écran. Cet accès aux données est dit *aléatoire* ou *virtuel*, et le montage *non linéaire*.

Certes, pour le cinéma dont il a été question dans ce livre, l'argument économique du gain de temps n'est pas décisif — le montage créateur a le plus souvent besoin de recul, de doute, de « cent fois sur le métier remettre l'ouvrage ». Comme le disait Jean-François Stévenin : « *Ce n'est jamais fini* » (2). Mais le temps passé au montage virtuel présente l'avantage d'être exclusivement consacré au travail créatif.

Le risque, parfois évoqué, du « mauvais infini » pour des cinéastes obsessionnels incapables de *trancher*, *d'achever*, butera, comme aujourd'hui, contre les dates de livraison, de sortie.

Si l'aspect tactile, cher à Agnès Guillemot par exemple, est perdu, l'infinité des possibles enfin réalisables devrait réjouir cette monteuse exigeante. Tous pourront désormais à chaque plan choisir le raccord qui marche le mieux, et non plus seulement celui dont on dit « ça marche ».

Le rôle du monteur ne risque-t-il pas alors de disparaître, le réalisateur effectuant seul le travail, enfin libéré du cauchemar des manipulations lourdes de la pellicule ?

Paradoxalement, leur suppression a le mérite de faire apparaître clairement la nécessité de la collaboration du monteur, en dehors de l'utilisation esclavagiste fonctionnant sur le mode : « coupe ici, colle là, je reviens dans deux heures ». Et certains se plaisent à imaginer plutôt un dialogue entre le réalisateur et le monteur, lançant propositions et contre-propositions. Plus que jamais, le monteur pourrait représenter les spectateurs, être ce premier regard naïf et critique dont peu de réalisateurs sauraient se passer.

---

2. *« Le film est en état de travail permanent. On revoit des prises qu'on n'avait pas revues depuis un an et on s'aperçoit que, montées autrement, ce qu'on y cherchait y était, qu'on aurait pu trouver encore d'autres solutions, meilleures, plus drôles ou plus tristes ou plus cruelles »*, *Cahiers du cinéma*, n° 388, octobre 1986.

La qualité des images transmises par les machines actuelles n'est pas suffisante pour y effectuer toutes les phases du montage d'un film, mais selon Jean-Pierre Beauviala les progrès vont très vite, et il est vraisemblable que dans quelques années tout le cinéma — et non seulement le cinéma documentaire à la recherche de sa structure — se montera virtuellement, sur un grand écran.

Aujourd'hui, le montage virtuel est principalement utile dans la phase d'approche, de brouillon, qui permet de réduire la copie-travail film sur laquelle est exécuté le montage définitif, comme cela a été indiqué précédemment.

Une machine de montage virtuel sur vidéodisque de prix abordable a été présentée pour la première fois en novembre 1988. Elle fonctionne comme un logiciel de traitement de texte — mis à part le fait qu'à aucun moment le montage n'est matérialisé comme le texte sur la disquette. Elle coupe et colle les plans — virtuellement, bien sûr — grâce à un menu d'options : Troquer, Bouger, Sucrer, Ajuster ou Trouver, et propose *Cut*, Fondu, Enchaîné, Ralenti, etc.

Cette EMC2 — Editing Machine Corporation — construite par un ingénieur américain, Bill Ferster, et importée en Europe, permet de monter de façon virtuelle des images d'origine vidéo ou film qui comprennent un *time-code*. Le monteur enregistre les *rushes* sur des disques magnéto-optiques réutilisables, par une compression qui permet de faire tenir quatre heures de *rushes* sur chaque disque. Depuis septembre 1990, la capacité de stockage des disques a été multipliée par deux, et la qualité de l'image par quatre. Les travaux actuellement en cours pour le téléphone-visiophone favorisent également les progrès dans ce domaine de compression des images.

Le monteur peut ensuite réaliser une maquette de montage en mettant bout à bout les plans sélectionnés. L'opération est effectuée par un ordinateur qui pilote jusqu'à six lecteurs de vidéodisques permettant l'accès aux images instantanément. Le monteur dispose sur l'écran d'une vingtaine de vignettes électroniques où il peut afficher les premières et dernières images des plans à monter, et la position de deux pistes-son. D'autres sons peuvent être affectés à un nombre de pistes virtuelles illimitées — avec réglage de volume —, et mixés dans l'EMC2.

La liste de montage — liste des plans, avec numéros de *time-code* de début et de fin, éventuellement description de chaque plan et visualisation des premières images de chaque plan — terminée est reportée sur une disquette compatible avec les systèmes de montage standard des régies-vidéo. Pour un produit final film, cette liste de montage imprimée permet une conformation du négatif.

Actuellement, à cause de la mauvaise définition de l'image, ce système n'est pas véritablement opérationnel. En effet, il est impossible sur ces vignettes de distinguer un photogramme du précédent et du suivant, ou de percevoir le geste ou le mouvement des yeux qui souvent guident le raccord. Mais il est vrai que la situation évolue rapidement, des gens investissent du temps, de l'argent, des machines... Tous les espoirs sont permis.

Jean-Pierre Beauviala, heureux que l'EMC2 puisse s'inscrire dans sa chaîne time-codée, reproche toutefois à cette machine, conçue par des informaticiens, ses commandes d'ordinateur incompatibles, selon lui, avec le travail artistique du montage.

Lui-même envisage autre chose. Il a enquêté auprès de monteurs, de monteuses — le domaine est essentiellement occupé par des monteuses, dit-il —, et voudrait retrouver dans la conception de l'interface homme/machine le geste de l'écriture. Au lieu d'appuyer sur des boutons, d'aller avec une souris dans un écran sélectionner des commandes, il voudrait qu'il soit possible de travailler graphiquement, de retrouver — et même d'aller au-delà — les manipulations physiques spécifiques du montage.

Beauviala s'appuie sur son expérience de créateur d'objets et sur sa collaboration avec les dessinateurs pour imaginer un autre rapport du réalisateur et du monteur. Lui-même était gêné de faire refaire à un collaborateur un dessin qu'il avait mis des heures à exécuter avant de trouver la bonne version d'un prototype. Depuis 1989, il travaille avec un système de CAO — conception assistée par ordinateur — dans lequel n'interviennent plus ni gomme ni crayon. Les pièces se dessinent sur un immense écran au fur et à mesure de la commande. Lorsque la beauté, l'ergonomie de la pièce est en jeu, Beauviala demande au dessinateur de lui montrer ce qui se passe s'il épaissit le trait, s'il déplace ceci, etc. Il voit immédiatement vivre toutes les hypothèses qu'il peut se faire par rapport à un objet, et une nouvelle relation s'instaure avec celui qu'il appellerait son « monteur » — une relation d'invention à deux. Le monteur voit comment le cerveau du « réalisateur » fonctionne, les cheminements qui le conduisent de la pièce initiale à la pièce finale, au dessin de l'objet final. Deux cerveaux peuvent alors avancer dans le même sens.

Beauviala pense qu'il peut se passer la même chose dans le montage virtuel. Comme on voit *instantanément* le résultat d'une idée, on avance non seulement beaucoup plus vite, mais surtout plus intelligemment. Il est en train de travailler à la conception d'une machine qui puisse réagir un peu comme le monteur à qui le réalisateur dit : « *Et si on essayait ceci...* » Tout ce qu'il a appris des monteurs et de cette machine de dessin assisté par ordinateur, il va l'incorporer dans le *software* de cette machine. Et, par exemple, contrairement à l'EMC2 monoposte, la machine Aaton sera pensée pour deux.

Où l'on retrouve l'utopie propre au montage.

Si le montage-film, c'était refaire le monde, que dire du *montage virtuel* ?

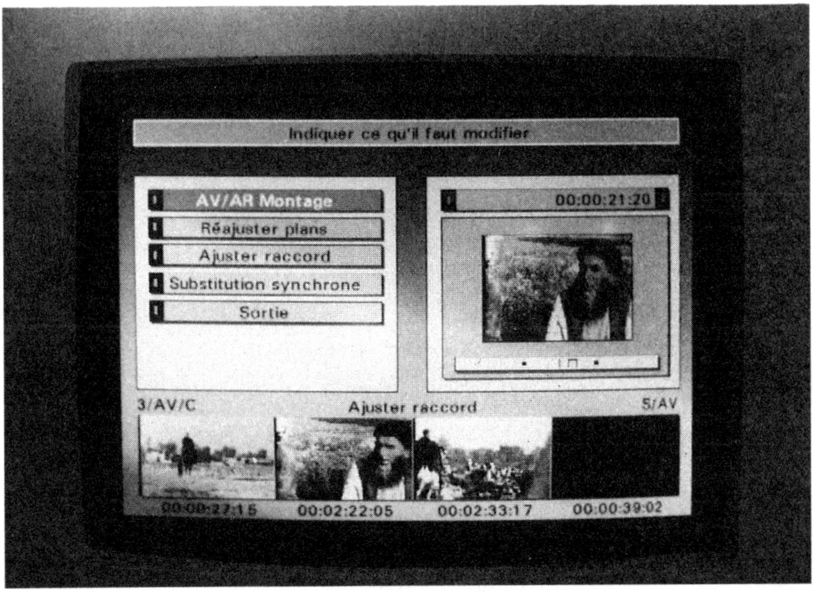

CRÉDITS PHOTOGRAPHIQUES

Photogrammes de la Cinémathèque Française (Jean-Pierre Jolly, Stéphane Dabrowski) : couverture, p. 57, 128 à 131, 138, 139, 144, 145, 147. *Photos la Cinémathèque Française :* p. 22, 40 (haut), 40 (bas), 46, 77, 81 (haut), 95 (haut), 95 (bas), 120, 152. *Photos Cahiers du cinéma :* p. 10, 124. *Photo A2 :* p. 71. *Photo Avant-scène :* p. 91. *Photos Alain Bergala :* p. 43 (haut), 43 (bas). *Photo Collection Pierre Braunberger :* p. 59. *Photos Marie Fouque :* p. 6, 33 (bas), 81 (bas), 98 (haut), 98 (bas), 109. *Photos Collection André S. Labarthe :* p. 36, 37, 90 (haut), 90 (bas). *Photo Photoplay Productions :* p. 110. *Photo Collection Sylvie Pierre :* p. 33 (haut). *Photo Dominique Villain :* p. 157.

TABLE

Composition : Compophyl
Photogravure : Fotimprim
Flashage : Atelier Ferciot

Second tirage, revu et corrigé, 1994.

Achevé d'imprimer par Corlet, Imprimeur, S.A.
14110 Condé-sur-Noireau (France)
N° d'Imprimeur : 4019 - Dépôt légal : avril 1994
Imprimé en C.E.E.